すぐめし献立

nozomi

はじめに

この本をお手に取ってくださり、本当にありがとうございます！
私としてはこれが6冊めのレシピ本となります。

今回のテーマは
"すぐに作れるごはん"、略して"すぐめし"です。

実生活の中で「これは使える」と思った、シンプルな材料で
簡単に、短時間で作れる主菜と副菜をまとめました。

さらにこの本では、主菜1品と副菜2品を組み合わせた、か
んたん献立も紹介しています。1品1品がラクに作れるから、
15〜20分で盛り付けまでできて、食卓に出せるのが特徴です。
それぞれの献立には、効率よく作るためのポイントも書いて
あるので、おかずを替えて応用したいときの参考にもなれば
良いなと思います。

すぐに作れるおかずのレパートリーが増えると、毎日のごは
ん作りもラクになりますし、あわただしい平日の夕食時でも、
心に余裕を持って準備ができます。

この本が少しでもみなさまの食卓の助けになればうれしいです。

nozomi

すぐめし献立　contents

4
PART すぐめしの
一品完結ごはん ……… 128

3
PART すぐめしの
サブおかず ……………… 102

この本の使い方

- 材料や作り方にある「小さじ1」は5mL、「大さじ1」は15mL、「1カップ」は200mLです。1mLは1ccです。
- 野菜類は特に表記のないものは洗う、皮をむくなどの作業を済ませてから手順を説明しています。肉類の余分な脂身の処理や調理前に室温に戻しておく作業も同様です。
- 本書で使用している電子レンジは500Wです。600Wの場合は時間を0.8倍にしてください。
- レンジやオーブンなどの調理器具をご使用の際には、お使いの機種の取扱説明書に従ってご使用ください。加熱時間の目安、ラップやポリ袋類の使用方法などに関しては、取扱説明書にある使い方を優先させてください。
- 表記されている金額は編集部調べ（2020年3月現在）です。

この本について

すぐできる、すぐ食べられる
「すぐめし献立」とは?

ひとつひとつのレシピが簡単。作り方の順番に無駄がない。
だから、20分以内で3品が完成するのが「すぐめし献立」の特徴です。
手間なくおいしいごはん作りのヒントをお伝えします。

1. 調理器具を効率よく使う

例えば、鍋を使うレシピ、電子レンジを使うレシピ、火を使わないレシピ
を組み合わせれば、3品が同時に作れます。
基本的なことですが、意識していないと意外と「作ろうとしたものが全部
フライパン調理だった!」なんてことになりがちです。
フライパン調理のおかずはできるだけ1品にして、ほかのおかずは別の調
理器具で作れるものにすると、あわてず作れて、調理の負担もぐっと減り
ます。

2. "手離れ"を考えて料理する

電子レンジやオーブンにかけるもの、鍋でしばらく煮るものなど、調理器
具に任せておけるおかずを作る場合、そのあいだにできる作業を考えます。
作るのに15分かかるレシピだとしても、5分で下ごしらえをして残りの10
分はオーブンで焼くのなら、実質手を動かす時間は5分だけ。
10分間はほかのことができます。
単に調理時間の長さではなく、手を動かしている時間の長さでレシピを組
み合わせます。

3. 食材はいつでもどこでも手に入るもので

この本のレシピの多くは、スーパーやコンビニの生鮮食材コーナーですぐに買える食材、一年を通して手に入りやすい食材を使っています。常備しやすい食材も多いので、お買い物に行けなかった日でも作りやすいはずです。もちろん調味料も特別なものは登場しません。

これが食べたいなと思ったら、特別な買い物などしなくても、できるだけ〝すぐ〟作り始められるのも「すぐめし」の特徴です。

4. 作れないことに落ち込まない

この本では3品の献立を10パターン紹介していますが、必ず3品をセットで作らなければいけないわけではありません。1品だけ作ってもいいし、さらに言えば、無理して毎日作る必要もありません。

献立をきっちり立てて、毎日作るのは大変なこと。わが家も、できない日は無理をしないようにしています。あまり気負わずに、楽しく作っていただけると嬉しいです。

🕐 15 〜 20分で3品完成！

おいしく、バランスのよいごはんが〝すぐ〟食べられる！

1

PART

🕐 15分、20分でできる

すぐめし献立

簡単に作れて、見映えがする

献立のレシピです。

調理時間が短くてすむものだけでなく、

ほったらかしておけるものや、

使う調理器具が少なくてすむおかずを

組み合わせて工夫しています。

このとおり献立で作るもよし、

単品で作ってもよし。

🕐 15分で！
ガーリック醤油
チキンステーキ献立

人気のチキンステーキを主役にした、洋風おかずの献立です。
夕食はもちろんランチにも食べたい、わが家でもよく作る3品です。

MENU

ガーリック醤油チキンステーキ
揚げないポテトフライ
お手軽シーザーサラダ

<u>3品2人分で費用</u>

¥ **456** 円

3品2人分のメイン材料

- 鶏もも肉 … 1枚（約250g）
- にんにく … 1かけ
- じゃがいも … 小2〜3個
- レタス … 5枚
- ミニトマト … 3〜4個
- 卵 … 1個

手順

START ① 予熱したオーブンでじゃがいもを焼く（ポテトフライ）　〈焼けるまでほったらかし！〉

② 野菜を洗い、卵をレンジ加熱する（シーザーサラダ）

🕐**5分** ③ にんにくを切る　（チキンステーキ）

④ 鶏肉を焼く　（チキンステーキ）

🕐**10分** ⑤ ドレッシングを作る　（シーザーサラダ）　〈肉を焼くあいだに！〉

⑥ 焼きおえたフライパンでソースを作る　（チキンステーキ）

🕐**15分** 🍽 それぞれを盛り付けて完成！

ポイント

- じゃがいもは最初にオーブンにセットしたら、あとは焼けるのを待つだけです。
- 野菜、肉の順に下ごしらえをすれば、まな板を洗う手間が減ります。
- わが家は電子レンジとオーブンは別々に持っていますが、オーブンレンジ1台で調理する場合は、温泉卵を一番最初に作ったり、市販の温泉卵を使うなどしてください。
- 鶏肉を焼くのと並行して、サラダのドレッシングとステーキのソースを作ります。
- 使う皿ははじめから決めておくと、盛り付けのときにスムーズです。
- チキンステーキは丸ごと焼いても、半分に切り分けてから焼いてもよいです。

ガーリック醤油
チキンステーキ

🕐 調理 **15**分　¥ 費用 **280**円　お弁当にも　子どもOK

ガツンとパンチのきいたソースで、ごはんがすすむこと間違いなし。
ポイントをおさえれば、パリッとジューシーなチキンステーキが簡単に作れます。

※表示の調理時間は、鶏肉を室温に戻す時間を含まない目安の時間です。

鶏もも肉 … 1枚（約250g）

にんにく … 1かけ

A 塩 … 少々

│ 粗びき黒こしょう … 少々

B 醤油 … 大さじ1

│ みりん … 大さじ1

│ 砂糖 … 小さじ1

ゆでたブロッコリー、ベビーリーフ、ミニトマトなど … 好みで

サラダ油 … 適量

作り方

1 鶏肉は室温に戻す。余分な脂を取り除き、厚みを均一にし、フォークなどで数カ所穴をあけ、**A**をふる。

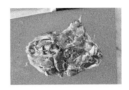

2 にんにくは皮をむき、みじん切りにする。

3 フライパンに少量の油をひき、中火で熱する。鶏肉を皮目を下にして入れ、表面がこんがりときつね色になるまで3〜4分焼く。

4 裏返してふたをし、弱火で4分ほど蒸し焼きにし、皿に盛る。

5 フライパンの余分な油をキッチンペーパーでふき取り、にんにく、**B**を入れ、中火で煮詰める。ほどよく煮詰まったら、チキンステーキにかけ、好みでベビーリーフなどを添える。

揚げない
ポテトフライ

オーブンまかせの簡単な一品です。揚げるよりはるかに少ない油で作れて、中はほっくり、外はさっくりおいしい。子どものお手軽なおやつにもどうぞ。

🕐 調理 **15** 分　　¥ 費用 **37** 円　👧👦 子どもOK

材料（3〜4人分）

じゃがいも … 小 2〜3 個
Ⓐ サラダ油 … 大さじ1
　│ 塩 … 少々
　│ ローズマリー … 好みで

📝 メモ

新じゃがを使う場合は皮つきのままでもかまいません。

作り方

1 オーブンは 240 度に予熱する。

2 じゃがいもは皮をむいて芽を取り、くし形切りにして、2〜3分ほど水にさらす。

3 天板にクッキングシートをしく。水気を切ったじゃがいもをのせ、Ⓐを表面全体にからませて、重ならないように並べる。

4 240 度のオーブンで 10〜15 分焼く。

お手軽
シーザーサラダ

シーザードレッシングは家にある調味料を混ぜ合わせるだけで簡単に作れます。お好みでベーコンやクルトンを加えてより本格的にしても。

🕐 調理 **5**分　　¥ 費用 **139**円　　😊😊 子どもOK

材料（2人分）

好みのレタス … 5枚
ミニトマト … 3〜4個
温泉卵 … 1個
Ⓐ マヨネーズ
　　 … 大さじ2.5
　 粉チーズ … 大さじ2
　 穀物酢 … 大さじ1
　 レモン汁 … 少々
　 粗びき黒こしょう
　　 … 少々（好みで）
　 にんにくチューブ
　　 … 少々（好みで）
クルトン … 好みで

作り方

1 レタスは水洗いしてしっかりと水気を切り、手で食べやすい大きさにちぎる。ミニトマトはへたを取って水洗いし、好みで縦半分に切る。

2 Ⓐはボウルでよく混ぜ合わせる。

3 皿にレタス、ミニトマト、温泉卵を盛り付け、上から**2**をまわしかける。好みでクルトンを散らす。

📝メモ

レンジでなんちゃって温泉卵

1 小さい耐熱容器に卵を割り入れ、水を少し入れる。

2 爪楊枝などで黄身に1カ所穴をあけ、ふわりとラップをし、150Wや200Wの低出力で2分ほど加熱する。足りなければ追加で加熱する。

🕐 15分で！
冷しゃぶサラダと
混ぜごはん献立

それぞれ調理方法が鍋、フライパン、電子レンジと分かれていて、作りやすい組み合わせ。
さっぱりした冷しゃぶと甘辛い混ぜごはんは相性がよく、箸がすすみます。

MENU

冷しゃぶサラダ
もやしの卵とじ
じゃことねぎの混ぜごはん

3品2人分で費用
¥ **732** 円

3品2人分のメイン材料

- 豚ロース薄切り肉 … 約200g
- レタス … 2〜3枚
- かいわれ大根
  … 1パック（好みで）
- トマト … 1個
- もやし … ½袋
- 卵 … 2個
- ごはん … 茶碗2杯分
  （冷凍でも可）
- ちりめんじゃこ … 約40g
- 小ねぎ … ½束

手順

START ① 冷しゃぶサラダの湯を沸かす （冷しゃぶサラダ）

② ごはんを温める （混ぜごはん）

③ 野菜を水洗いする、レタスをちぎる、かいわれを切る、
トマトを切る （冷しゃぶサラダ）

🕐 **5分** ④ 小ねぎと調味料を混ぜてレンジにかける （混ぜごはん）

⑤ 豚肉をゆで、ざるにあげる （冷しゃぶサラダ）

🕐 **10分** ⑥ もやしを炒める （もやしの卵とじ）

> 火を止めて！

⑦ もやしを卵でとじる （もやしの卵とじ）

⑧ ごはんを混ぜる （混ぜごはん）

> 卵とじを一気に作る！

🕐 **15分** 🍚 それぞれを盛り付けて完成！

ポイント

- しゃぶしゃぶ用の湯を沸かすことと、冷凍ごはんのレンジ加熱からはじめます。
  待っているあいだに、冷しゃぶサラダと混ぜごはんの下準備をします。
- もやしの卵とじはすぐに完成するので、後半に一気に作ります。
- しゃぶしゃぶは沸騰している湯でゆでると肉質が固くなってしまうので、火を
  止めてからゆでます。 ゆでたらしっかり水気を切ります。

冷しゃぶサラダ

🕐 調理 **10分**　¥ 費用 **535円**　子どもOK

暑い日にぴったりな、さっぱりおいしいサラダです。味付けはドレッシングまかせ。
食欲がわかないときにもオススメです。

※表示の調理時間は、豚肉を室温に戻す時間を含まない目安の時間です。

18

豚ロース薄切り肉 … 約200g
レタス … 2〜3枚
かいわれ大根 … 1パック（好みで）
トマト … 1個
ミニトマト（黄色）… 4個（好みで）
好みのドレッシング（市販品）… 適量

作り方

1 豚肉は室温に戻す。

2 レタスは手で食べやすい大きさにちぎる。かいわれ
大根は食べやすい長さに切る。トマトは半分に切っ
てへたを取り、くし形切りにする。ミニトマトは半分
に切る。それぞれ、しっかりと水気を切る。

3 大きめの鍋にたっぷりの水を入れて火にかけ、沸騰
する直前で火を止める。

4 豚肉は1枚ずつ広げて鍋に入れ、ゆでる。一度にゆ
でる枚数は6枚くらいにして、火が通ったら順番に
ざるにあげる。

5 皿に野菜、豚肉を盛り付け、ドレッシングをかける。

もやしの卵とじ

もやしのシャキッとした食感と卵のふわっとした食感のバランスが魅力です。和風だしでシンプルに味付けした、お財布にやさしいおかずです。

🕐 調理 **5分** ¥ 費用 **51円** 😊😊 子どもOK

材料（2人分）

もやし … ½ 袋
卵 … 2 個
 白だし … 大さじ ½
　 醤油 … 小さじ 1
サラダ油 … 適量

作り方

1 もやしはさっと水洗いし、ざるにあげて水気を切る。ボウルに卵を割り入れ、を加えて溶きほぐす。

2 フライパンに油を熱し、もやしを入れ、中火でさっと炒める。

3 2に溶き卵を流し入れ、菜箸で全体を軽くかき混ぜる。卵が好みの固さになるまで火を通す。

じゃことねぎの
混ぜごはん

具材をレンジ加熱して温かいごはんと混ぜるだけ。5分で作れる風味豊かな混ぜごはんです。じゃこや小ねぎが半端に余っているときにも。

🕐 調理 **5**分 　¥ 費用 **140**円 　📱 お弁当にも 　👧👧 子どもOK

材料（2人分）

ごはん … 茶碗 2 杯分
ちりめんじゃこ … 約40g
小ねぎ … ½ 束
Ⓐ 醤油 … 大さじ 1.5
　 みりん … 大さじ 1
　 砂糖 … 大さじ 1

作り方

1 小ねぎは根元を切り落とし、小口切りにする。

2 大きめの耐熱ボウルに小ねぎ、じゃこ、Ⓐを入れ、かき混ぜる。ふわりとラップをし、500Wの電子レンジで1分30秒加熱する。

3 2に温かいごはんを入れ、米粒がつぶれないようにやさしく混ぜる。

🕐 15分で!
なすとささみの
黒酢炒め献立

暑い季節にぴったりな食材で作る、彩り豊かなさっぱりおいしいメニュー。
副菜とスープはどちらも5分以内で作れるスピードおかずです。

MENU

なすとささみの黒酢炒め
トマトのうまねぎ塩だれ
中華風コーンスープ

3品2人分で費用

¥ **532** 円

3品2人分のメイン材料

- 鶏ささみ … 3本（約200g）
- なす … 2本
- トマト … 1個
- 小ねぎ … 1/5 束
- コーンスープの素 … 1袋
- コーン … 約20g
- 卵 … 1個

手順

START

1 ねぎ塩だれを作る （トマトねぎ塩だれ）

2 トマト、なす、ささみを切る （トマトねぎ塩だれ、黒酢炒め）

🕐 **5分**

3 鍋に水とスープの素を入れ、火にかける
（コーンスープ）

> 切りものまとめて

4 なす、ささみを炒める （黒酢炒め）

5 調味料を入れ、煮からめる （黒酢炒め）

🕐 **10分**

6 溶き卵を入れ、火を通す （コーンスープ）

> 黒酢炒めに
> 味を入れながら

7 盛り付けてたれをかける （トマトねぎ塩だれ）

8 小ねぎとごまを散らす （黒酢炒め）

🕐 **15分** 🍚 それぞれを盛り付けて完成！

ポイント

- ねぎ塩だれをレンジ加熱したら、そのまま置いて冷まします。小ねぎは塩だれと黒酢炒めのどちらにも使うので、最初に多めに切って、黒酢炒め用に取り分けておきました。
- まとめてやったほうが効率がよいので、トマト、なす、ささみは連続して切ります。
- 黒酢炒めをフライパンで調理するのと並行して、もうひとつのコンロでスープも作ります。
- 黒酢炒めは温かいうちに食べたいので、最後に完成させて盛り付けます。
- ささみの筋取りは慣れないと少し手間がかかるので、慣れていない方は最初にやったほうがよいかもしれません。

なすとささみの
黒酢炒め

調理 10分　費用 291円　お弁当にも　子どもOK

プリッとした食感がおいしい、なすとささみの黒酢炒め。
黒酢のまろやかな酸味で箸がすすむ、コクうま炒め物です。

24

材料（2人分）

鶏ささみ … 3本（約200g）　　いり金ごま … 好みで
なす … 2本　　　　　　　　　小口切りの小ねぎ … 好みで
片栗粉 … 適量　　　　　　　　サラダ油 … 適量
🅰 黒酢 … 大さじ 2.5
　　醤油 … 大さじ 1.5
　　みりん … 大さじ 1
　　砂糖 … 大さじ 1

作り方

1　ささみは筋を取り、そぎ切りにする。

2　フライパンに油を入れる。🅰はボウルで混ぜ合わせる。

3　なすはへたを切り落として横半分に切り、さらに縦
　　半分に切り、皮に斜めの切り込みを入れる。切った
　　らすぐにフライパンに入れ、油をからませる。

4　ささみに片栗粉をまぶす。

5　フライパンを中火にかけ、なすを端によせ、ささみ
　　を入れて表面の色が変わるくらいまで炒める。

6　5に🅰を加え、3〜4分煮からめる。皿に盛り、好
　　みでいりごま、小ねぎを散らす。

トマトの
うまねぎ塩だれ

トマトに自家製ねぎ塩だれをかけるだけ。ねぎ塩だれは簡単に作れるうえに、甘酸っぱいトマトと相性バツグンです。

⏱ 調理 **5分**　¥ 費用 **148円**　👧👧 子どもOK

材料（2人分）

トマト … 1個
小ねぎ … ⅕束
Ⓐ 中華スープの素
　｜　… 小さじ½
　｜　水 … 大さじ½
ごま油 … 小さじ1

作り方

1 トマトは水洗いして水気を切り、半分に切ってへたを取り、くし形切りにする。小ねぎは水洗いして水気を切り、根元を切り落とし、小口切りにする。

2 耐熱ボウルにⒶを入れ、500Wの電子レンジで20秒ほど加熱する。小ねぎ、ごま油を加え、よく混ぜ合わせる。

3 皿にトマトを盛り、上から**2**をかける。

中華風
コーンスープ

あっという間に作れる包丁いらずの中華風スープ。やさしい味で心も体も温まります。

🕐 調理 **5**分 　¥ 費用 **93**円 　👩👧 子どもOK

材料（2人分）

Ⓐ コーンスープの素
　　… 1袋
　　コーン … 約20g
　　中華スープの素
　　… 小さじ1
　　水 … 300mL
卵 … 1個
Ⓑ 片栗粉 … 小さじ½
　　水 … 小さじ1

作り方

1 鍋に**Ⓐ**を入れ、中火にかける。

2 卵はボウルで溶きほぐす。**Ⓑ**は混ぜ合わせ、水溶き片栗粉を作る。

3 鍋のスープがひと煮立ちしたら火を弱め、水溶き片栗粉を入れ、とろみをつける。

4 火を強めて煮立て、溶き卵をまわし入れる。卵がほどよく固まったら火を止める。

🕐15分で！
鶏もも肉のみぞれ煮献立

しょうがの香りがふわりと香るみぞれ煮を主役にした、体が温まるメニューです。
副菜とスープは電子レンジで作れるので簡単。
キムチで彩りも添えました。

MENU

鶏もも肉のみぞれ煮
豆苗とちくわのごま酢和え
豆腐とキムチの豆乳スープ

3品2人分で費用

¥ **426** 円

3品2人分のメイン材料

- 鶏もも肉 … 約200g
- 大根 … ⅕本
- しょうが … 1かけ
- 青じそ … 好みで
- 豆苗 … 1パック
- ちくわ … 1本
- 絹ごし豆腐 … 小1丁（150g）
- 豆乳 … 50〜80mL
- 白菜キムチ … 適量
- 小口切りの小ねぎ … 好みで

手順

START
1 豆苗を切り、レンジ加熱する （ごま酢和え）

2 ちくわを切る。しそ、鶏肉を切る （ごま酢和え、みぞれ煮）

⏱**5分**
3 鶏肉を焼く （みぞれ煮）

4 大根としょうがをすりおろす （みぞれ煮） ［火加減を見つつ］

⏱**10分**
5 大根としょうがを加えて煮る （みぞれ煮）

6 キムチ以外をレンジ加熱する （豆乳スープ）

7 ごま酢和えを和える （ごま酢和え） ［副菜一気に仕上げ］

8 キムチをのせる （豆乳スープ）

⏱**15分**
それぞれを盛り付けて完成！

［ポイント］
- 豆乳スープを加熱しながら、みぞれ煮を煮るところまでやって、煮ているあいだにごま酢和えを仕上げます。
- みぞれ煮は温かいうちに食べるのが一番おいしいので、最後に火を止めて皿に盛ります。
- 豆苗をレンジ加熱したあとは手でしぼってしっかりと水気を切ります。食感もシャキッとします。

鶏もも肉のみぞれ煮

調理 **15分** 費用 **251円** 子どもOK

大根おろしをたっぷり使ったみぞれ煮は、やさしいおいしさで体が温まります。
フライパンひとつで簡単に作れます。しょうがの香りがアクセント。

※表示の調理時間は、鶏肉を室温に戻す時間を含まない目安の時間です。

鶏もも肉 … 約200g
大根 … ⅕本
しょうが … 1かけ
塩 … 少々
Ⓐ　みりん … 大さじ1
　│　醤油 … 小さじ2
　│　白だし … 小さじ2
せん切りの青じそ … 好みで
サラダ油 … 適量

作り方

1　鶏肉は室温に戻す。余分な脂を取り除き、フォーク
　　などで数カ所穴をあけ、食べやすい大きさに切り、
　　塩をふる。

2　フライパンに油を熱し、鶏肉を皮目を下にして入れ、
　　中火で両面とも表面の色が変わるくらいまで焼く。
　　大根、しょうがは皮をむき、すりおろす。

3　フライパンの余分な油をキッチンペーパーでふき取
　　り、大根としょうが（おろし汁ごと）、Ⓐを加え、ふ
　　たをして弱火〜中火で5分ほど煮る。器に盛り、好
　　みで青じそをのせる。

豆苗とちくわの
ごま酢和え

シャキシャキした食感がおいしいごま酢和えは、季節に関係なく安く作れるのも魅力的。レンジで簡単に作れる時短おかずです。

🕐 調理 **5**分 ¥ 費用 **121**円 ・日 お弁当にも 👧👦 子どもOK

（ 材料（2人分） ）

豆苗 … 1パック
ちくわ … 1本
Ⓐ 穀物酢 … 小さじ2
　 醤油 … 小さじ½
　 ごま油 … 小さじ½
　 すり金ごま … 適量

（ 作り方 ）

1 豆苗は根元を切り、水洗いして水気を切り、半分に切る。ちくわは7mm幅の輪切りにする。

2 豆苗を耐熱ボウルに入れ、ふわりとラップをし、500Wの電子レンジで1分30秒加熱する。ざるにあげてあら熱を取り、手でしぼってしっかりと水気を切る。

3 ボウルにⒶを入れ、混ぜ合わせる。豆苗、ちくわを加え、よく和える。

豆腐とキムチの豆乳スープ

電子レンジで温めるだけ。超簡単でヘルシーなスープです。料理がめんどうなときにもぜひ。テキトーに作ってもおいしく、おなかもふくれます。

🕐 調理 **5**分 　 ¥ 費用 **54**円

材料（2人分）

絹ごし豆腐
　… 小1丁（150g）
豆乳 … 50〜80mL
白菜キムチ … 適量
Ⓐ　白だし … 小さじ1
　│　醤油 … 小さじ1
　│　すり金ごま … 適量
小口切りの小ねぎ、
　すり金ごま … 好みで

作り方

1 大きめの耐熱の器に豆腐、豆乳、Ⓐを入れ、ふわりとラップをし、500Wの電子レンジで1〜2分加熱する。

2 ラップを取り、上にキムチをのせる。好みで小ねぎとすり金ごまを散らす。

🕐 15分で!
豚バラキャベツの
うまだれ献立

電子レンジで作れるメインおかずを主役にした、お手軽に作れる献立です。
季節を問わずに作れて、野菜もたっぷり食べられます。

MENU

豚バラキャベツのうまだれレンジ蒸し
かぼちゃのごま和え
小松菜じゃこのおかか和え

3品2人分で費用

¥ **573** 円

3品2人分のメイン材料

- 豚バラ薄切り肉 … 約200g
- キャベツ … ¼ 玉
- 小ねぎ … 好みで
- かぼちゃ … ⅛ 個
- 小松菜 … ½ 袋（約4株）
- ちりめんじゃこ … 約10g
- 削り節 … 小1袋

手順

START ① 小松菜を切り、レンジ加熱する （おかか和え）

② かぼちゃを切りゆでる （ごま和え）

🕐 **5分** ③ キャベツを切る （豚バラキャベツ）　　かぼちゃを
ゆでているあいだに

④ 豚肉を切り、たれをもみ込む （豚バラキャベツ）

🕐 **10分** ⑤ 豚肉とキャベツをレンジ加熱する （豚バラキャベツ）

⑥ かぼちゃを和える （ごま和え）　　レンジ加熱のあいだに

⑦ 小松菜とじゃこを和える （おかか和え）

🕐 **15分** 🍽 それぞれを盛り付けて完成！

ポイント

- 小松菜は茎、葉の順番に耐熱皿に入れてレンジ加熱しています（わが家の電子レンジは下から温まるため、火の通りにくい茎を下にしています）。
- 小松菜はレンジ加熱が終わったら、ざるにあげてあら熱を取ります。水気を切るときはやけどに注意。
- かぼちゃは和えたときに味がよくからむよう、少し小さめに切っています。
- かぼちゃをゆでるのと並行して、豚バラキャベツの下ごしらえをします。
- 豚バラキャベツをレンジ加熱しているあいだに、副菜を仕上げます。

豚バラキャベツの
うまだれレンジ蒸し

調理 **10**分　費用 **415**円　子どもOK

電子レンジでささっと簡単に作れます。
うまだれをもみ込んだ豚バラ肉とキャベツの相性がバツグンで、ガツガツ食べたくなるおかずです。

豚バラ薄切り肉 … 約200g
キャベツ … ¼玉
Ⓐ　レモン汁 … 大さじ ½
　　醤油 … 小さじ2
　　中華スープの素 … 小さじ1強
小口切りの小ねぎ … 好みで

作り方

1　豚肉はフォークなどで数カ所穴をあけ、食べやすい大きさに切り、Ⓐをよくもみ込む。キャベツは水洗いして水気を切り、せん切りにする。

2　耐熱ボウルにキャベツを入れ、その上に豚肉を並べてのせる。ふわりとラップをし、500Wの電子レンジで5〜6分加熱する。

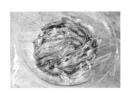

3　皿に盛り、好みで小ねぎを散らす。

かぼちゃの
ごま和え

かぼちゃの甘みとごまの風味がおいしいシンプルおかず。
汁気がないので、お弁当にも入れやすいです。

🕐 調理 **15**分　¥ 費用 **91**円　⊡⊞ お弁当にも　👧👧 子どもOK

材料（2人分）

かぼちゃ … ⅛ 個
Ⓐ すり金ごま … 大さじ 1
　 砂糖 … 大さじ ½
　 醤油 … 小さじ 1

作り方

1 かぼちゃはスプーンなどで種とわたを取り除き、皮をところどころそぐようにむき、食べやすい大きさに切る。

2 鍋にかぼちゃを皮目を下にして並べ、かぶるくらいの水を入れてふたをし、中火にかける。煮立ったら弱火にし、やわらかくなるまでゆでる。

3 火を止め、かぼちゃをざるにあげてさっと水気を切る。鍋の湯は捨てる。

4 かぼちゃを鍋に戻し、Ⓐを加えてよく和える。

小松菜じゃこの
おかか和え

シャキシャキおいしい小松菜は、じゃことおかかのうま味で箸がすすみます。作りたてはもちろん、冷蔵庫で冷やしてさっぱり食べるのもオススメです。

🕐 調理 **10**分　¥ 費用 **67**円　📧 お弁当にも　👧👧 子どもOK

材料（2人分）

小松菜 … ½ 袋（約4株）
Ⓐ　ちりめんじゃこ … 約10g
　　醤油 … 小さじ ½
　　削り節 … 小1袋

作り方

1 小松菜は根元や葉をよく洗い、水気を切る。根元を切り落とし、1cm幅に切り分ける。

2 耐熱皿に葉の部分を下、茎の部分を上にして置き、ふわりとラップをし、500Wの電子レンジで2分加熱する。ざるにあげてあら熱を取り、手でしぼってしっかりと水気を切る。

3 ボウルに小松菜、Ⓐを入れ、よく和える。

🕐 15分で!
豚肉となすの
カレー炒め献立

スパイシーなメインおかずとさっぱりした副菜の相性がバツグン。
おかず、サラダ、汁物のバランスのよい献立です。みそ汁はお好きな具材でどうぞ。

MENU

豚肉となすのカレー炒め
水菜と桜えびのポン酢サラダ
じゃがいもとたまねぎのみそ汁

3品2人分で費用

¥ **579** 円

3品2人分のメイン材料

- 豚肩ロース薄切り肉 … 約200g
- なす … 1本
- 水菜 … ½ 袋
- 干し桜えび … 約5g
- じゃがいも … 1個
- たまねぎ … ¼ 個
- 乾燥わかめ … 約2g

手順

START

① じゃがいもとたまねぎを切り、火にかける （みそ汁）

② 水菜の水気を切り、切る （ポン酢サラダ）

⏰ **5分**

③ なすを切り、炒める。豚肉を切る （カレー炒め）　[みそ汁の具を煮るあいだに]

④ 乾燥わかめを入れる （みそ汁）

⑤ 豚肉を加え炒める （カレー炒め）

⏰ **10分**

⑥ 味付けをする （カレー炒め）　[鍋の火を止めて]

⑦ みそを溶き入れる （みそ汁）

⑧ サラダを和える （ポン酢サラダ）　[最後にさっと和える]

⏰ **15分** 🍽 それぞれを盛り付けて完成！

(ポイント)

- じゃがいも、たまねぎなどの火の通りにくい具材は、水から煮ます。時間が少しかかるので、まずはじめに調理します。
- 鍋を火にかけたら、水菜の準備をします。味がよくからむようしっかり水気を切ります。
- 炒め物の準備をしつつ、合間にみそ汁の様子を見て、火加減を調整したり乾燥わかめを入れたりします。
- なすは変色しないよう、切ったらすぐに炒めます。
- カレー炒めを作りおわったら、鍋の火を止めてみそを入れ、最後にサラダを和えて、完成です。

豚肉となすの
カレー炒め

🕐 調理 **10**分　　¥ 費用 **435**円　　⊡日 お弁当にも

スパイシーな風味が食欲をそそるコクうまおかずです。
食材を切って炒め合わせるだけのシンプルレシピ。身近な調味料で作れます。

材料（2人分）

豚肩ロース薄切り肉 … 約200g
なす … 1本
Ⓐ　中濃ソース … 大さじ 1.5
 │　トマトケチャップ … 大さじ 1
 │　カレー粉 … 小さじ 1.5
塩 … 少々（好みで）
サラダ油 … 適量

作り方

1　なすはへたを切り落とし、小さめの乱切りにする。切ったらすぐにフライパンに入れ、油をからませる。

2　豚肉はフォークなどで数カ所穴をあけ、食べやすい大きさに切る。

3　1を中火で炒める。表面に火が通ったら、端によせる。あいたスペースに豚肉を入れ、表面の色が変わるくらいまで炒める。

4　3にⒶを加え、全体に味がいきわたるよう炒め合わせる。味を見て、塩で味をととのえる。好みで野菜などを添える。

水菜と桜えびの
ポン酢サラダ

桜えびのうま味とポン酢の酸味で箸がすすみます。シャキッとした水菜とパリッとした桜えびの食感もよく合いますよ。

🕐 調理 **5**分　¥ 費用 **81**円　👧👧 子どもOK

（ 材料（2人分） ）

水菜 … ½ 袋
Ⓐ 干し桜えび … 約5g
　　ポン酢醤油 … 適量
　　いり金ごま … 適量

（ 作り方 ）

1 水菜はよく水洗いして水気を切り、根元を切り落とし、2cm幅のざく切りにする。

2 ボウルに水菜、Ⓐを入れ、和える。

じゃがいもと
たまねぎのみそ汁

じゃがいもとたまねぎの自然な甘みと、わかめの食感がおいしいです。じゃがいもが煮くずれしないよう、煮すぎないことがポイントです。

⏱ 調理 **10**分 　¥ 費用 **63**円 　👧👧 子どもOK

材料（2人分）

じゃがいも … 1個
たまねぎ … ¼ 個
乾燥わかめ … 約2g
Ⓐ 水 … 400mL
　| 和風だしの素 … 約4g
みそ … 大さじ 2

📝 メモ

だしに合わせて塩分調整を

和風だしの素は製品によって、塩分量が変わります。お使いのものに合わせて、お好みで分量を調整してください。

作り方

1 じゃがいもは皮をむいて芽を取り、食べやすい大きさに切る。水にさらし、ざるにあげて水気を切る。たまねぎは皮をむき、薄切りにする。

2 鍋にじゃがいも、たまねぎ、Ⓐを入れる。ふたをして弱火～中火にかけ、じゃがいもに竹串がすっと入るくらいまで煮る。

3 2に乾燥わかめを加え、わかめが戻ったら、火を止める。

4 みそを溶き入れ、再び中火にかける。沸騰直前に火を止める。

🕐 20分で!
鶏肉の
チーズパン粉焼き献立

華やかな洋風おかずの組み合わせは、休日ランチにもオススメです。
チキンは揚げ焼き、ピラフ風の混ぜごはんは電子レンジで、調理が簡単。

MENU

鶏肉のチーズパン粉焼き
水菜とベーコンのうま塩サラダ
ツナとコーンのピラフ風混ぜごはん

3品2人分で費用

¥ **848** 円

3品2人分のメイン材料

- 鶏むね肉 … 1枚（約300g）
- きざみパセリ … 好みで
- 水菜 … ½ 袋
- ハーフベーコン … 4 枚
- ごはん … 茶碗 2 杯分
- ツナ缶 … 1 缶
- コーン … 約100g
- たまねぎ … ½ 個
- バター … 15g

手順

START ① ごはんをレンジ加熱する （混ぜごはん）

② たまねぎ、パセリを切る。ベーコンを切る

（混ぜごはん、パン粉焼き、うま塩サラダ）

🕐 **5分** ③ たまねぎとバターをレンジ加熱する （混ぜごはん）

④ 水菜の水気を切って切る （うま塩サラダ）

⑤ 鶏肉の下ごしらえをする （パン粉焼き） 〔衣をつける ところまで〕

🕐 **10分** ⑥ ベーコンをレンジ加熱する （うま塩サラダ）

⑦ ごはんと具材を混ぜてレンジ加熱する （混ぜごはん）

🕐 **15分** ⑧ 鶏肉を揚げ焼きにする （パン粉焼き） 〔フライパンを見つつ ほかを盛り付け〕

⑨ サラダを和える （うま塩サラダ）

⑩ 鶏肉を油からあげて食べやすく切る （パン粉焼き）

🕐 **20分** 🍽 それぞれを盛り付けて完成！

〔ポイント〕

- わが家では、ごはんはまとめて炊いて冷凍しているので、まずそれをレンジ で解凍します。炊いてあるごはんを使う場合はそのままで。
- 準備ができた順に、次々とレンジ加熱していきます。
- 鶏肉は下ごしらえをしたら、すぐには揚げないで、少し置いておきます。
- 鶏肉の揚げ焼きと並行して、ほかのおかずの盛り付けをします。
- 鶏肉のパン粉焼きは温かいうちに食べたいので、最後に完成させます。丸ご と揚げても、半分に切り分けてから揚げてもよいです。

鶏肉の
チーズパン粉焼き

🕐 調理 **10** 分　　¥ 費用 **353** 円　　お弁当にも　　子どもOK

揚げたてのサクサク食感と焦がしチーズの風味がおいしく、
お財布にもやさしいメインおかずです。お好みでケチャップやソースをつけて召し上がってください。

※表示の調理時間は、鶏肉を室温に戻す時間を含まない目安の時間です。

材料（2人分）

鶏むね肉 … 1枚（約300g）
くし形切りのレモン … 好みで
ベビーリーフ、ミニトマトなど
　… 好みで
サラダ油 … 適量

A 砂糖 … 小さじ1
　　 塩 … 小さじ⅓

B パン粉 … 大さじ4
　　 粉チーズ … 大さじ1
　　 きざみパセリ … 好みで

作り方

1 鶏肉は室温に戻す。皮と余分な脂を取り除き、観音開きにする。フォークなどで数カ所穴をあけ、**A**を順番にもみ込む。

2 **B**をバットやトレイに広げてよく混ぜ、鶏肉の表面に手でしっかりとおしつける。

3 フライパンに多めの油を熱し、中火で両面合わせて3〜4分揚げ焼きにする。食べやすく切って皿に盛り、好みでレモンとミニトマトやベビーリーフを添える。

メモ

● 揚げ焼きについて
直径20cmのフライパンに大さじ3ほどの油をひいています。小さいフライパンだと揚げ油が少なくてすみます。油が熱くなったら、フライパンにやさしく入れ、きつね色になったら裏返します。両面ともきつね色になったら、さっと取り出して油を切ります。裏返すとき以外はなるべく動かさないでください。動かすと衣がはがれたり、きれいな揚げ色にならなかったりします。

● きざみパセリはパン粉に混ぜて揚げるのもオススメですが、お好みであとから散らしてもよいです。

水菜とベーコンの
うま塩サラダ

ベーコンをレンジ加熱して、水菜、調味料と和えるだけ。ベーコンの塩気がきいて、水菜がもりもり食べられます。朝昼晩を問わずオススメの一品です。

🕐 調理 **5**分　¥ 費用 **106**円　👧👧 子どもOK

材料（2人分）

水菜 … ½ 袋
ハーフベーコン … 4 枚
Ⓐ 好みの油
　　 … 大さじ ½
　 塩 … ふたつまみ
　 うま味調味料 … 少々

作り方

1 ベーコンは1cm幅に切り、大きめの耐熱ボウルに入れ、ラップをしないで500Wの電子レンジで2分加熱する。

2 水菜はよく水洗いして水気を切り、根元を切り落とし、2cm幅のざく切りにする。

3 1のボウルに水菜、Ⓐを加え、よく和える。

ツナとコーンの
ピラフ風
混ぜごはん

電子レンジで加熱して混ぜるだけ。ツナのうま味、野菜の甘み、バターのコクが合わさって、とても食べやすい味になっています。

⏱ 調理 **10**分	¥ 費用 **389**円	📱 お弁当にも	👧👦 子どもOK

材料（2人分）

ごはん … 茶碗2杯分
ツナ缶（油漬けタイプ）… 1缶
コーン … 約100g
たまねぎ … ½個
バター … 約15g
Ⓐ 顆粒コンソメ … 小さじ1
　 塩 … 少々
　 粗びき黒こしょう … 少々
きざみパセリ … 好みで

作り方

1 たまねぎは皮をむき、みじん切りにする。

2 大きめの耐熱ボウルにたまねぎ、バターを入れ、ふわりとラップをし、500Wの電子レンジで2分加熱する。

3 2に温かいごはん、ツナを缶汁ごと、コーン、Ⓐを入れ、米粒がつぶれないようにやさしく混ぜる。再びふわりとラップをし、500Wの電子レンジで3分加熱する。

4 3に好みできざみパセリを加えてさっくりと混ぜる。

🕐 20分で!
厚揚げの豚肉巻き献立

人気レシピの豚肉巻きと、火を使わないで作れる副菜の組み合わせ。
箸休めにさっぱりとした酢の物を合わせました。
ポテトサラダはたっぷりの葉物野菜と合わせても。

MENU

厚揚げの豚肉巻き甘辛だれ
きゅうりとわかめの酢の物
明太ポテトサラダ

3品2人分で費用

¥ **712** 円

3品2人分のメイン材料

- 豚バラ薄切り肉
  … 8枚（約200g）
- 厚揚げ豆腐 … 1枚（180g）
- きゅうり … 1本
- カニ風味かまぼこ … 約60g
- 乾燥わかめ … 約2g
- じゃがいも … 1〜2個
- 辛子明太子 … ½腹

手順

START ① じゃがいもを水にさらし、レンジ加熱する （ポテトサラダ）

② わかめを戻す、きゅうりを切る （酢の物）

🕐**5分** ③ 厚揚げに豚肉を巻いて焼く （厚揚げの豚肉巻き）　　　｛じゃがいも加熱中｝

④ じゃがいもをつぶして和える （ポテトサラダ）

🕐**10分** ⑤ わかめ、きゅうりの水気を切る （酢の物）　　　｛肉巻きはしっかり焼いて｝

⑥ たれを煮からめる （厚揚げの豚肉巻き）

🕐**15分** ⑦ 酢の物を和える

⑧ 豚肉巻きに照りが出るまで煮詰める （厚揚げの豚肉巻き）

🕐**20分** 🍽 それぞれを盛り付けて完成！

（ポイント）
- まず、時間のかかるじゃがいものレンジ加熱からはじめます。加熱したら取り出し、手で触れるくらいまであら熱を取ります。
- じゃがいもはあまり力を入れなくてもつぶせるくらいまで加熱します。レシピでは切ってからレンジにかけていますが、まるまる1個をラップで包みレンジ加熱しても。
- レンジ加熱と並行して、酢の物や豚肉巻きの下ごしらえをします。
- 豚肉巻きを焼くのと並行して、副菜を仕上げます。豚肉巻きは温かいうちに食べたいので、最後に完成させます。
- 豚肉巻きを焼くときは、ころころ動かすと形がくずれるおそれがあるので、あまり動かさずに1面ずつ焼きます。

厚揚げの豚肉巻き
甘辛だれ

調理 10分　費用 441円　お弁当にも　子どもOK

食べごたえがあって見た目もよい豚肉巻き。さっぱりめの甘辛だれで箸がすすみます。
厚揚げなので水切りは不要。短時間で作れます。

豚バラ薄切り肉 … 8枚（約200g）　　小口切りの小ねぎ … 好みで
厚揚げ豆腐 … 1枚（180g）　　　　　いり金ごま … 好みで
Ⓐ 醤油 … 大さじ 1.5　　　　　　　　サラダ油 … 適量
　　砂糖 … 大さじ 1
　　みりん … 大さじ 1
　　穀物酢 … 大さじ ½
Ⓑ 塩 … 少々
　　粗びき黒こしょう … 少々

作り方

1　厚揚げは余分な油や水分をキッチンペーパーでおさ
　　えてふき取り、横8等分に切る。Ⓐはボウルで混ぜ
　　合わせる。

2　フライパンに少量の油をひく。厚揚げに豚肉を巻き
　　つけ、巻きおわりを下にしてフライパンに並べる。

3　2にⒷをふって中火にかけ、表面をまんべんなく焼く。

4　すべての面に焼き色がつくまで焼いたら、キッチン
　　ペーパーでフライパンの余分な油をふき取る。Ⓐを
　　加え、よく煮からめる。皿に盛り、好みで小ねぎ、
　　いりごまを散らす。

きゅうりと
わかめの酢の物

調味酢を使い、まろやかな酸味で食べやすく仕上げました。
あと一品欲しいときに、火を使わずさっと作れる副菜です。

🕐 調理 **5**分　¥ 費用 **155**円　⊡ お弁当にも　👧👧 子どもOK

材料（2人分）

きゅうり … 1本
カニ風味かまぼこ … 約60g
乾燥わかめ … 約2g
塩（塩もみ用）… 小さじ ⅓
Ⓐ 調味酢 … 大さじ 2
　 砂糖 … 大さじ ½

📝 メモ

調味酢について

調味酢は、わが家ではミツカンの「やさしいお
酢」を使っています。ツンとこないまろやかな
味わいでいろいろな料理に使いやすいです。
調味酢がない場合は穀物酢に少量の砂糖を加
えると代用になりますが、まろやかさが少し違い
ますので、少量から味を見て調整してください。

作り方

1 乾燥わかめは水で戻す。

2 きゅうりは両端を切り落とし、スライサーなど
で薄切りにする。塩をもみ込み、手でしぼって
しっかりと水気を切る。

3 ボウルにきゅうり、水気を切ったわかめ、ほぐ
したカニ風味かまぼこ、Ⓐを入れ、よく和える。

明太
ポテトサラダ

明太子のピリッとした辛さが絶妙なポテトサラダ。じゃがいもをレンジで加熱し、マッシュして和えるだけ。ラクに作れておつまみにもぴったりです。

🕐 調理 **10** 分　　¥ 費用 **116** 円

材料（2人分）

じゃがいも … 1〜2 個
辛子明太子 … ½ 腹
マヨネーズ … 大さじ 2
ちぎったレタス、
　　ミニトマト、きざみのりなど
　　… 好みで

作り方

1 じゃがいもは皮をむいて芽を取り、角切りにし、2〜3分水にさらす。

2 水気を切ったじゃがいもを耐熱ボウルに入れ、ふわりとラップをし、500Wの電子レンジで5分ほど加熱する。

3 じゃがいもをフォークなどでつぶす。薄皮を取った明太子、マヨネーズを加え、よく和える。器に盛り、好みでレタスやミニトマトなどを添え、きざみのりをかける。

🕐 20分で！
豚肉とじゃがいもの
照り焼き献立

季節を通して人気の甘辛味のメインおかずに、さっぱり副菜と汁物を合わせました。
野菜がたっぷり食べられて、ボリュームもある3品です。

MENU

豚肉とじゃがいもの照り焼き
しらすとキャベツののり和えサラダ
水菜と卵のとろみ汁

3品2人分で費用
¥ **737** 円

3品2人分のメイン材料

- 豚肩ロース薄切り肉
  … 約200g
- じゃがいも … 2個
- キャベツ … 2〜3枚
- しらす … 約30g
- 水菜 … ½袋
- にんじん … 小1本
- 卵 … 2個

手順

START ① じゃがいもを切り、レンジ加熱する （照り焼き） ┌ レンジ
加熱中

② にんじんを切り、煮る （とろみ汁）

🕐**5分** ③ 水菜とキャベツは水気を切り、それぞれ切る （とろみ汁、サラダ）

④ じゃがいもを焼く （照り焼き） ┐ フライパンの
様子を見つつ

🕐**10分** ⑤ 水菜を入れる （とろみ汁）

⑥ とろみをつけ、溶き卵を入れる （とろみ汁）

⑦ 調味料を混ぜ、キャベツ、しらすと和える （サラダ）

🕐**15分** ⑧ 豚肉を加えて味付けする （照り焼き） ┐ 煮からめつつ

⑨ きざみのり、ごまを加えて和える （サラダ）

🕐**20分** ⬤ それぞれを盛り付けて完成！

ポイント

- おおまかにいうと、豚じゃが照り焼きはじゃがいもをレンジ加熱したり焼いたりする工程で時間がかかるので、そのあいだにサラダや汁物を仕上げていく、というイメージです。
- じゃがいもはこんがり焼き色をつけたほうがおいしいため、時間をかけてしっかり焼きます。
- サラダはとにかく野菜の水気をしっかりと切ることが重要です。

豚肉とじゃがいもの照り焼き

🕐 調理 **10**分　¥ 費用 **438**円　🍱 お弁当にも　👦👧 子どもOK

豚肉とじゃがいもは相性がとてもよく、コクや食べごたえもあります。
焼きたてホクホクのじゃがいもがおいしいですよ。基本の調味料で作れます。

豚肩ロース薄切り肉 … 約200g
じゃがいも … 2個
塩 … 好みで
Ⓐ 醤油 … 大さじ1
　　酒 … 大さじ½
　　みりん … 大さじ½
　　砂糖 … 小さじ1
サラダ油 … 適量

作り方

1　じゃがいもは皮をむいて芽を取り、くし形切りにし、2〜3分水にさらす。豚肉はフォークなどで数カ所穴をあけ、食べやすい大きさに切る。

2　水気を切ったじゃがいもを耐熱容器に入れ、ふわりとラップをし、500Ｗの電子レンジで3分加熱する。

3　フライパンに油を熱し、水気を切ったじゃがいも、好みで塩を入れ、中火で焼き色がつくくらいまで炒める。豚肉を加え、表面の色が変わるくらいまで炒め合わせる。

4　Ⓐを加え、全体に味がいきわたるよう炒め合わせる。皿に盛る。

メモ　　新じゃがを使う場合は皮つきのままでもかまいません。ここでは新じゃがを使用しました。

しらすと
キャベツの
のり和えサラダ

しらすとのりでさっぱりおいしい和風サラダです。食べごたえがあるので、ヘルシーおかずとしてもオススメ。

🕐 調理 **5**分　¥ 費用 **172**円　👩‍👦 子どもOK

材料（2人分）

キャベツ … 2〜3枚
しらす … 約30g
Ⓐ 調味酢 … 大さじ2
　　ごま油 … 大さじ ½
　　うま味調味料
　　　… 小さじ ½
Ⓑ きざみのり … 適量
　　いり金ごま … 適量

作り方

1 キャベツは水洗いして水気をしっかりと切り、6〜7mm幅の細切りにする。

2 ボウルに**Ⓐ**を入れて混ぜ合わせ、キャベツ、しらすを加えてよく和える。

3 2に**Ⓑ**を散らし、ざっくりと和える。

水菜と卵の
とろみ汁

具だくさんでヘルシーな汁物。ホッとするようなやさしい味です。余った水菜の消費にもオススメ。豆腐を加えてかさ増ししても。

🕐 調理 **10** 分　¥ 費用 **127** 円　子どもOK

材料（2人分）

水菜 … ½ 袋
にんじん … 小1本
卵 … 2個
Ⓐ 片栗粉 … 小さじ1
　 水 … 小さじ1
Ⓑ 水 … 500mL
　 白だし … 大さじ2
　 醤油 … 少々

作り方

1 水菜はよく水洗いして水気を切り、根元を切り落とし、1cm幅のざく切りにする。にんじんは皮をむき、細切りにする。

2 卵はボウルで溶きほぐす。Ⓐは混ぜ合わせ、水溶き片栗粉を作る。

3 鍋ににんじん、Ⓑを入れて火にかける。ひと煮立ちしたら、弱火〜中火でにんじんがやわらかくなるまで煮る。

4 水菜を茎、葉の順番に加え、水溶き片栗粉でとろみをつける。

5 火を強め、煮立ったら溶き卵をまわし入れる。卵がほどよく固まったら火を止める。

🕐 20分で！
鮭のコーンマヨ焼きと具だくさんスープ献立

ほったらかしで作れる鮭のおかずに、ボリュームあるスープを合わせました。
準備も簡単なメインおかずはわが家の定番。並行調理しやすい組み合わせです。

MENU

鮭のコーンマヨ焼き
豆苗の塩こんぶナムル
白菜の春雨卵スープ

3品2人分で費用

¥ **701** 円

3品2人分のメイン材料

- 生鮭 … 2切れ
- コーン … 約30g
- きざみパセリ … 好みで
- 豆苗 … 1パック
- 塩こんぶ … 1～2つまみ
- 白菜 … ⅛株
- 卵 … 2個
- 乾燥春雨 … 約20g
- 乾燥わかめ … 約2g
- トマト … 好みで

手順

START ❶ オーブンを予熱する （コーンマヨ焼き）

     ❷ 白菜を切り、煮る （卵スープ）

オーブンを予熱しているあいだに

🕐 **5分** ❸ 豆苗を切り、レンジ加熱して水気を切る （塩こんぶナムル）

     ❹ 鮭を焼く （コーンマヨ焼き）

🕐 **10分** ❺ トマトを切る （コーンマヨ焼き）

     ❻ 春雨、わかめを入れる （卵スープ）

鮭を焼いているあいだに

🕐 **15分** ❼ 豆苗を和える （塩こんぶナムル）

     ❽ 溶き卵をまわし入れる （卵スープ）

🕐 **20分** 🍚 それぞれを盛り付けて完成！

ポイント

- 鮭は下ごしらえをしたら、オーブンにセットして、焼けるまでオーブンに任せます。
- 白菜を火にかけ、鮭をオーブンにセットしたら手があくので、その間に豆苗を調理したりトマトを切ったりします。
- 最後、鮭が焼きあがるまでに少し時間に余裕があるので、ほかのおかずの盛り付けをします。
- わが家は電子レンジとオーブンは別々に持っていますが、オーブンレンジ1台で調理する方は、豆苗のレンジ加熱を一番最初に行ったり、コーンマヨ焼きは魚焼きグリルで作ったりすると、効率よく調理できると思います。

鮭の
コーンマヨ焼き

⏰ 調理 **15**分　¥ 費用 **483**円　🍱 お弁当にも　👧👦 子どもOK

とっても簡単な魚料理です。コーンマヨソースを鮭の上にのせて、オーブンで焼くだけ。
準備だけなら5分もかかりません。親しみのあるおいしさです。

材料（2人分）

生鮭 … 2切れ
コーン … 約30g
Ⓐ　塩 … 少々
　│　粗びき黒こしょう … 少々
Ⓑ　マヨネーズ … 大さじ3
　│　粉チーズ … 少々
きざみパセリ … 好みで
トマト … 好みで

作り方

1　鮭にⒶをふる。オーブンは180度に予熱する。

2　ボウルにコーン、Ⓑを入れ、混ぜ合わせる。

3　天板にクッキングシートをしく。鮭を皮目を下にして並べ、上に**2**をまんべんなくのせる。

たっぷり
のせて！

4　180度のオーブンで10分ほど焼く。皿に盛り、好みできざみパセリを散らし、好みで適当な大きさに切ったトマトを添える。

豆苗の
塩こんぶナムル

豆苗をレンジ加熱して和えるだけ。あと一品欲しいときに
さっと作れます。ごまの風味がおいしい、箸休めにぴった
りな副菜です。

調理 **5分**　費用 **110円**　お弁当にも　子どもOK

材料（2人分）

豆苗 … 1パック
Ⓐ 塩こんぶ
　　… 1〜2つまみ
　　ごま油 … 小さじ1
　　いり金ごま … 適量

作り方

1 豆苗は根元を切り、水洗いして水気を切り、半分に切る。

2 豆苗を耐熱ボウルに入れ、ふわりとラップをし、500Wの電子レンジで1分30秒加熱する。ざるにあげてあら熱を取り、手でしぼってしっかりと水気を切る。

3 ボウルに豆苗、Ⓐを入れ、よく和える。

白菜の春雨
卵スープ

白菜がたっぷり入ったヘルシーな中華スープです。余っている白菜や卵を消費したいときにもオススメ。具だくさんなので、満足度も高い一品です。

🕐 調理 **15**分　¥ 費用 **106**円　👧👧 子どもOK

材料（2人分）

白菜 … ⅛ 株
卵 … 2個
乾燥春雨 … 約20g
乾燥わかめ … 約2g
Ⓐ　水 … 400mL
　　中華スープの素
　　　… 小さじ 1.5
　　醤油 … 小さじ ½
小口切りの小ねぎ … 好みで

作り方

1 白菜は芯を切り落とし、水洗いして軽く水気を切り、葉は1cm幅のざく切りに、軸は5mm幅の細切りかそぎ切りにする。

2 鍋に白菜、Ⓐを入れ、ふたをして弱めの中火〜中火で8分ほど煮る。

3 一度ふたを取り、乾燥春雨、乾燥わかめを加え、ふたをしてさらに2分ほど煮る。卵はボウルで溶きほぐす。

4 ふたを取り、溶き卵をまわし入れる。卵がほどよく固まったら火を止める。器に盛り、好みで小ねぎを散らす。

2
PART

すぐめしの

メインおかず

どのレシピも15分以内で完成。

すぐめし流、ボリュームたっぷりな

肉のおかず、魚のおかず。

ごはんによく合う味付けで、

腹ペコなときでも大満足。

鶏肉と
たまねぎの卵とじ

🕐 調理 **10**分　　¥ 費用 **242**円　　👧👧 子どもOK

とろとろの半熟卵と甘みのある和風だしで箸がすすむ！
ごはんにのせれば親子丼の完成。

鶏もも肉 … 約150g
卵 … 4 個
たまねぎ … ¼ 個
Ⓐ 砂糖 … 大さじ 1.5
　みりん … 大さじ 1.5
　醤油 … 大さじ 1
　白だし … 大さじ 1
小口切りの小ねぎ … 好みで

作り方

1　鶏肉は室温に戻す。余分な脂を取り除き、フォーク
　　などで数カ所穴をあけ、2cmの角切りにする。たま
　　ねぎは薄切りにする。卵はボウルに溶きほぐす。

2　小さめのフライパンに鶏肉、たまねぎ、Ⓐを入れ、
　　ふたをして火にかける。煮立ったら中火にし、6分ほ
　　ど煮る。

3　ふたを取り、卵をまわし入れる。再びふたをし、卵
　　が半熟になったら皿に盛り、好みで小ねぎを散らす。

メモ　親子丼にすることを想定して、少し濃いめの味付けになっています。単品で食べ
　　るときは、それぞれの調味料の分量を調節して好みの味にするとよいと思います。

鶏むね肉となすの
とろとろ炒め煮

調理
🕐 **10** 分

費用
¥ **327** 円

子どもOK

さっと作れてコスパもよいおかず。
白だしベースの和風あんがおいしくからんで、
なすはとろとろ、鶏むね肉もプリッとやわらかです。

材料（2人分）

鶏むね肉 … 約250g
なす … 2本
片栗粉 … 大さじ2
小口切りの小ねぎ … 好みで
サラダ油 … 適量

Ⓐ 白だし … 大さじ1
　砂糖 … 大さじ1
　醤油 … 大さじ½
　しょうがチューブ … 3cm
　水 … 50mL

作り方

1 　鶏肉は室温に戻す。皮と余分な脂を取り除き、フォークなどで数カ所穴をあけ、小さめのそぎ切りにする。

2 　なすはへたを切り落とし、小さめの乱切りにする。切ったらすぐに油をひいたフライパンに入れて油をからませ、中火にかける。

3 　なすを炒めているあいだに、鶏肉に片栗粉をまんべんなくまぶす。

4 　なすの表面に火が通ったら、端によせる。あいたスペースに鶏肉を入れ、表面の色が変わるまで炒める。

5 　Ⓐを加えてふたをし、弱火〜中火で2分ほど蒸し煮にする。皿に盛り、好みで小ねぎを散らす。

メモ

鶏肉に片栗粉をまぶす際、早いうちにまぶすと水分を吸ってベチャッとしてしまうので、炒める直前にまぶします。なすは炒めるまえに油をからませることで、火を通したときに油の吸いすぎを防げます。

鶏肉とさつまいもの
甘辛炒め

 調理
15分

費用
298円

お弁当にも

子どもOK

親しみのある和風味で、ごはんがすすみます。
定番の調味料で分量も覚えやすいので作りやすいおかず。
お弁当にもどうぞ。

鶏もも肉 … 1枚（約250g）
さつまいも … ½ 本
塩 … 少々
いり金ごま … 好みで
サラダ油 … 適量

Ⓐ 醤油 … 大さじ1
みりん … 大さじ1
砂糖 … 大さじ1

作り方

1 鶏肉は室温に戻す。余分な脂を取り除き、フォーク
などで数カ所穴をあけ、1〜2cmの角切りにし、塩
をふる。

2 さつまいもはよく洗う。端を切り落とし、長さ5cm
幅1cmの短冊切りにし、水にさらす。

3 フライパンに少量の油を熱し、鶏肉を皮目を下にし
て入れる。中火で両面とも表面の色が変わるまで焼
き、水気を切ったさつまいもを加え、全体に油がま
わるよう炒め合わせる。

4 フライパンの余分な油をキッチンペーパーでふき取
り、ふたをして、弱火で4〜5分蒸し焼きにする。

5 ふたを取り、Ⓐを加えて全体に煮からめ、好みでご
まをふる。

 メモ

蒸し焼きの際はムラなく火が通るよう、途中で一度ふたを取り、全体をかき混ぜ
るとよいです。

ささみそチーズの
レンジ蒸し

調理
10分

費用
199円

お弁当にも　子どもOK

レンジで作れるヘルシーなおかず。
たんぱくなささみにみそとチーズがのっかってちょうどよいコクうま味です。
そぎ切りにしてお弁当にも。

鶏ささみ … 4本（約240g）　　ミニトマト … 好みで
酒 … 大さじ1　　　　　　　　ベビーリーフ … 好みで
みそ … 大さじ1
ミックスチーズ … 適量
きざみのり … 好みで

作り方

1　ささみは筋を取り、観音開きにし、フォークなどで
　　数カ所穴をあける。耐熱皿に重ならないように並べ、
　　酒をふる。

2　ささみの表面にみそをまんべんなくぬり、その上か
　　らチーズをかける。

3　ふわりとラップをし、500Wの電子レンジで3分〜
　　3分30秒加熱する。皿に盛り、好みできざみのりを
　　散らす。好みでミニトマト、ベビーリーフを添える。

メモ

レンジ加熱の際は、加熱しすぎるとパサついて
しまうので、ご注意ください。加熱後は火の通
り具合を確認し、まだ生っぽい（赤い）部分が
あるようなら、追加で20秒ずつ加熱してくださ
い。加熱すると写真のようにささみから水分が
出るので、軽く水気を切ってから盛り付けます。

簡単トンテキ
（豚肉のステーキ）

⏱ 調理 **10**分　¥ 費用 **604**円　🍱 お弁当にも　👧👧 子どもOK

小麦粉をまぶして焼いた豚肉はジューシー！
身近な調味料で作れる甘辛ソースがおいしくからんでいます。
がっつりお肉を食べたい日にオススメ。

豚ロース厚切り肉 … 2枚（約300g）　　Ⓐ　塩 … 少々
にんにく … 1かけ　　　　　　　　　　　　粗びき黒こしょう … 少々
小麦粉 … 小さじ2　　　　　　　　　　Ⓑ　醤油 … 小さじ2
ベビーリーフ … 好みで　　　　　　　　　みりん … 小さじ2
ミニトマト … 好みで　　　　　　　　　　中濃ソース … 小さじ2
サラダ油 … 適量　　　　　　　　　　　　トマトケチャップ … 小さじ1

作り方

1　豚肉は室温に戻す。筋切りし、Ⓐをふる。にんにくは
　　皮をむき、薄切りにする。Ⓑはボウルで混ぜ合わせる。

2　フライパンに油、にんにくを入れ、弱火にかける。じっ
　　くりと炒め、にんにくがきつね色になったら軽く油
　　を切って取り出す。

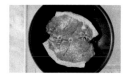

3　豚肉に小麦粉を薄くまんべんなくまぶし、**2**のフライ
　　パンに入れ、弱めの中火で2分焼き、裏返してさらに
　　に2分焼く。

4　フライパンの余分な油をキッチンペーパーでふき取
　　り、Ⓑを加え、豚肉の表面に煮からめる。皿に盛
　　り、**2**で取り出したにんにくチップを散らし、好みで
　　ベビーリーフと半分に切ったミニトマトを添える。

メモ　　赤身と脂肪の境にある筋に切り込みを入れる
　　　　ことを「筋切り」といいます。肉の焼き縮みを
　　　　防ぎ、火がムラなく通ります。私は写真のよう
　　　　にざっくりと赤身まで切り込みを入れています。
　　　　焼き具合が確認しやすいです。

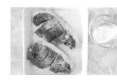

長芋の豚肉巻き
焦がし醤油

調理 **10**分 　費用 **459**円 　子どもOK

仕上げに焦がし醤油で味付けした、シンプルなレシピです。
香ばしい風味が食欲をそそります。
濃いめに作って、おつまみにするのもオススメです。

材料（2人分）

豚バラ薄切り肉 … 8枚（約200g）
長芋 … 約150g
Ⓐ　塩 … 少々
│　粗びき黒こしょう … 少々
醤油 … 大さじ1
小口切りの小ねぎ … 好みで
サラダ油 … 適量

作り方

1　長芋は皮をむき、1cm厚さの輪切りにする。

2　フライパンに少量の油をひく。火はまだつけない。長芋に豚肉を巻きつけ、巻きおわりを下にしてフライパンに並べる。

3　Ⓐをふり、中火〜強火で両面にこんがりと焼き色がつくまで焼く。

4　キッチンペーパーでフライパンの余分な油をふき取り、醤油をまわしかけ、全体に味をからませる。皿に盛り、好みで小ねぎを散らす。

メモ　長芋は輪切りにして豚肉を巻くので、太すぎないほうがよいです。私は直径が約5cm、長さは約15cmの長芋で作りました。仕上げの味付けの際は、手順3でフライパンが熱くなっているので、そのままの火加減で醤油を一気に入れます。あっという間に水分が飛んで焦げ気味になるので、手早くからめます。

豚肉ともやしの
にんにく醤油炒め

調理 10分　費用 467円

コスパもよくて簡単。がっつり食べたいスタミナおかずです。
お好みで唐辛子を入れると、
ピリッとした辛みがよいアクセントになります。

豚肩ロース薄切り肉 … 約200g
もやし … 1袋
にんにく … 2かけ
輪切り唐辛子 … 少々（好みで）
Ⓐ　醬油 … 大さじ1
　　うま味調味料 … 小さじ ½
　　粗びき黒こしょう … 少々
サラダ油 … 適量

作り方

1　豚肉はフォークなどで数カ所穴をあけ、食べやすい
　　大きさに切る。もやしは水洗いして水気を切る。に
　　んにくは皮をむき、薄切りにする。

2　フライパンに油を熱し、にんにく、好みで唐辛子を
　　入れ、弱火で香りが立つまで炒める。

3　2に豚肉を入れ、中火で表面の色が変わるくらいま
　　で炒める。

4　もやしを加え、強火にして全体を炒め合わせる。

5　Ⓐを加え、全体に味がいきわたるよう炒め合わせる。

なすと豚肉の
かば焼き風

調理 10分　費用 363円　お弁当にも　子どもOK

甘じょっぱくておいしい、
切って炒めるだけの簡単おかずです。
調味料の分量がすべて同じで、作りやすいです。

材料（2人分）

豚もも薄切り肉 … 約200g
なす … 2本
Ⓐ 酒 … 大さじ1
　 みりん … 大さじ1
　 醤油 … 大さじ1
　 砂糖 … 大さじ1
小口切りの小ねぎ … 好みで
サラダ油 … 適量

作り方

1　豚肉は食べやすい大きさに切る。

2　なすはへたを切り落とし、大きめの乱切りにする。切ったらすぐに油をひいたフライパンに入れ、油をからませる。

3　中火にかけて炒め、軽く焼けたら端によせる。あいたスペースに豚肉を入れ、表面の色が変わるまで炒める。

4　Ⓐを加え、水分がほどよく飛ぶまで炒め合わせる。皿に盛り、好みで小ねぎを散らす。

豚肉の
やわらか重ねカツ

調理 15分　費用 418円　お弁当にも　子どもOK

豚薄切り肉を重ねているので、かみ切りやすくてジューシー。
食べごたえがあるおかずです。
薄切り肉なので下ごしらえも簡単。

材料（2人分）

豚薄切り肉 … 約200g
Ⓐ 塩 … 少々
　 粗びき黒こしょう … 少々
Ⓑ 卵 … 1個
　 小麦粉 … 大さじ3
　 水 … 大さじ1

パン粉 … 適量
せん切りキャベツ … 好みで
くし形切りレモン … 好みで
サラダ油 … 適量

作り方

1 　豚肉は広げてⒶをふり、4枚ぐらいずつ重ねる。食べやすい大きさに切り、フォークなどで数カ所穴をあける。

2 　ボウルにⒷを入れ、よく混ぜ合わせる。パン粉はバットやトレイに広げる。

3 　豚肉にⒷ、パン粉を順につける。ムラがないよう両面にしっかりと。

4 　フライパンに多めの油を熱し、中火で**3**を揚げ焼きにする。両面ともきつね色になったら網などにあげ、油を切る。皿に盛り、好みでキャベツとレモンを添える。

📝メモ

揚げ焼きについて

直径20cmのフライパンに大さじ3ほどの油をひいています。小さいフライパンだと揚げ油が少なくてすみます。油が熱くなったら、やさしくフライパンに入れ、きつね色になったら裏返します。両面ともきつね色になったら、さっと取り出して油を切ります。裏返す以外はなるべく動かさないでください。動かすと衣がはがれたり、きれいな揚げ色にならなかったりします。

牛肉の甘辛焼き

⏰ 調理 **10**分 ¥ 費用 **464**円 ▣ お弁当にも 👧👧 子どもOK

シンプルな味付けの甘辛焼きです。弱めの火力で焼くのがポイント。
仕上げに粉山椒をふりかけると、風味がよいアクセントになります。
わが家ではミル挽きの山椒を使って香りを楽しんでいます。

材料（2人分）

牛こま切れ肉 … 約200g
Ⓐ　醤油 … 大さじ1
　│　酒 … 大さじ1
　│　砂糖 … 小さじ2
粉山椒 … 好みで
サラダ油 … 適量

作り方

1　牛肉はフォークなどで数カ所穴をあけ、食べやすい
　　大きさに切る。

2　ボウルなどの容器でⒶを混ぜ合わせ、牛肉を加えて
　　よくからませる。

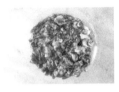

3　フライパンに油を熱し、牛肉を広げながら入れ、弱
　　火〜弱めの中火で水分がほどよく飛ぶまで焼く。皿
　　に盛り、好みで粉山椒をふる。

あじの
かば焼き風

🕐 調理 **10**分　¥ 費用 **407**円　📷 お弁当にも　👧👧 子どもOK

身がやわらかく、甘辛味で食べやすい魚のおかず。
調味料の配合が簡単で、
一度覚えたら作りやすいレシピです。

あじ（三枚おろし）… 8枚
Ⓐ 酒 … 大さじ1
　　みりん … 大さじ1
　　醤油 … 大さじ1
　　砂糖 … 大さじ1
片栗粉 … 適量
いり金ごま … 好みで
サラダ油 … 適量

作り方

1　Ⓐはボウルで混ぜ合わせる。あじは小骨を取り除き、片栗粉を両面に薄くまんべんなくまぶす。

2　フライパンに油を熱し、皮目を下にして入れ、中火で焼き色がつくまで焼く。

3　裏返して、もう片面も焼き色がつくまで焼く。Ⓐを加え、煮からめる。好みでいりごまを散らす。

メモ　あじは三枚おろしのほか、刺身用やフライ用として売られているものでもよいです。刺身用は皮が取られていて身くずれしやすいので、焼くときは気をつけてください。

※表示の調理時間は、ぶりの下ごしらえの時間を含まない目安の時間です。

ぶりの
ポン酢照り焼き

🕐 調理 **10**分　　¥ 費用 **427**円　　お弁当にも　　子どもOK

さっぱりと食べやすい味わいに仕上げた照り焼き。
ぶりは小さい骨がないので、
子どもに取り分けやすいのもよいですね。

ぶり … 2切れ
塩 … 1〜2つまみ
小麦粉 … 小さじ1.5
🅐 ポン酢醤油 … 大さじ3
│ みりん … 大さじ1.5
小口切りの小ねぎ … 好みで
サラダ油 … 適量

作り方

1 ぶりは大きな骨があれば取り除く。キッチンペーパーをしいた容器に並べ、両面に塩をふり、10分ほど置く。

2 キッチンペーパーでおさえて水気をふき取り、小麦粉を両面に薄くまんべんなくまぶす。

3 フライパンに少量の油を熱し、ぶりを入れ、中火で片面を2分ほど焼いたら、裏返す。

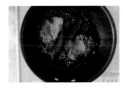

4 ふたをして弱火で2分ほど蒸し焼きにする。両面に焼き色がついたらふたを取り、🅐を加え、中火にして煮からめる。皿に盛り、好みで小ねぎを散らす。

📝メモ　塩をふって10分ほど置いておくことで、ぶりから余分な水分が出て、身が引き締まります。また、くさみも取れます。

さば缶と根菜の
和風カレー

調理 **15**分　費用 **322**円　子どもOK

根菜たっぷりのカレーが、めんどうな下ごしらえもなく手軽に作れます。
ゴロゴロ食感がおいしいですよ。
ごはんにのせたり、おかずにしたり、お好きな食べ方でどうぞ。

材料（2人分）

さば缶（水煮タイプ）… 1缶
れんこん … 1節
にんじん … ½ 本
たまねぎ … ¼ 個
Ⓐ　カレールー（フレークタイプ）… 約30g
　│　白だし … 大さじ ½
　│　水 … 50mL
小口切りの小ねぎ … 好みで
雑穀入りごはん … 好みで
サラダ油 … 適量

作り方

1　れんこんは皮をむき、6 ～ 7mm 厚さの半月切り、またはいちょう切りにする。

2　にんじんは皮をむき、小さめの乱切りにする。たまねぎは皮をむき、薄切りにする。

3　フライパンに油を熱し、野菜をすべて入れ、中火で炒める。全体に油がまわったら、ふたをして5分ほど蒸し焼きにする。

4　ふたを取り、Ⓐ、さばを缶汁ごと加え、ほどよく水分が飛ぶまで煮る。皿に盛って好みで小ねぎを散らし、好みでごはんを添える。

📝メモ

カレールーはフレークタイプを使っています。計量しやすく溶けやすいです。固形タイプの場合は、よく溶けるよう包丁などで細かくきざむとよいです。
さば缶は、うま味がある煮汁も一緒に入れて煮ます。

かじきの
ハーブムニエル

🕐 調理 **10**分 　¥ 費用 **334**円 　お弁当にも 　子どもOK

バターやハーブの風味が、かじきのうま味を引き立てます。
小麦粉をまぶしたかじきは、外はカリッと中はジューシー。
お弁当にもおすすめ。

材料（2人分）

かじき … 2切れ
Ⓐ　塩 … 少々
　　オレガノ … 少々
　　タイム … 少々
小麦粉 … 小さじ 1.5
バター … 約10g
くし形切りレモン … 好みで
トマト … 好みで
ベビーリーフ … 好みで

作り方

1　かじきは室温に戻す。キッチンペーパーでおさえて水気をふき取り、Ⓐを両面にまんべんなくふる。

2　かじきに小麦粉を薄くまんべんなくまぶし、フライパンにバターを熱し、弱めの中火で2分焼く。

3　かじきを裏返し、ふたをして弱火で2分蒸し焼きにする。両面に焼き色がついたら、皿に盛り、好みでレモン、食べやすく切ったトマト、ベビーリーフを添える。

📝 メモ

ハーブはお好きなものをお使いください。オレガノとタイムは肉や魚のうま味を引き立て、いろいろな料理に使いやすいです。かじきは冷たいまま調理すると火の通りにムラが出るので、調理前に冷蔵庫から出して室温に戻します。10〜15分は室内に置いておくとよいです。

鮭とたまねぎの
包み焼きバター風味

⏲ 調理 **15**分 ¥ 費用 **460**円 子どもOK

バターの風味が食欲をそそる包み焼き。
ミニトマトとたまねぎからうま味が出て、
鮭のおいしさを引き立てます。

材料（2人分）

生鮭 … 2切れ
たまねぎ … ¼個
ミニトマト … 4個
塩 … 少々
粗びき黒こしょう … 少々
酒 … 大さじ1
バター … 約10g
ゆでたブロッコリー … 好みで

作り方

1　たまねぎは皮をむき、薄切りにする。鮭は塩、粗びき黒こしょうをふる。オーブンは180度に予熱する。

2　約30cm幅のクッキングシートを正方形に切り取り、その上にたまねぎの半量、鮭1切れを順に重ねて置く。酒大さじ½をふり、バター5g分をのせる。ミニトマト2個を横に添える。

3　クッキングシートの対角線上の角を重ね合わせ、くるくると折りたたみ、両端をひねって閉じる。2、3と同様にしてもう1個作る。

4　180度のオーブンで10分ほど焼く。好みでブロッコリーを添える。

3

PART

すぐめしの
サブおかず

パパッと作れる副菜は

食卓に彩りを加えたいときや、

野菜をとりたいときの強い味方。

余りがちな食材の使い切りとしても、

役に立つレシピです。

きゅうりの
ごまキムチ和え

きゅうりの食感とごまの風味、キムチの辛さがクセになります。おつまみとしてもオススメ。

🕐 調理 **5** 分　¥ 費用 **55** 円

材料（2人分）

きゅうり … 1本、塩（板ずり用）… 小さじ ½、
Ⓐ ［白菜キムチ … 適量、ごま油 … 小さじ 1、
いり金ごま … 少々、きざみのり … 好みで］、
塩（仕上げ用）… 少々（好みで）

作り方

1 きゅうりは塩をふって板ずりをし、キッチンペーパーで塩と水気をふき取る。両端を切り落とし、縦に少し切り込みを入れたら、手で食べやすい大きさに割る。
2 ボウルにきゅうり、Ⓐを入れてよく和え、好みで塩を加える。

まぐろと長芋の
和風だし和え

ちょっとぜいたくなおつまみとしても、細かくたたいて丼にしても。まぐろはどの種類でもよいですが、赤身で筋が少ない部位がオススメです。

🕐 調理 **5** 分　¥ 費用 **267** 円

材料（2人分）

まぐろ（刺身用）… 約100g、長芋 … 約100g、
小口切りの小ねぎ … 適量、Ⓐ ［醤油 … 大さじ1、白だし … 小さじ1］、わさびチューブ …
好みで

作り方

1 まぐろと長芋は1.5cmの角切りにする。
2 まぐろ、長芋、小ねぎをざっくりと混ぜる。皿に盛り、混ぜ合わせたⒶをかける。好みでわさびを添える。

トマトのしらす
青じそ和え

青じそといりごまの風味で箸がすすみます。さっぱりしたものを食べたいときに、ぜひオススメ。

🕐 調理 **5**分　¥ 費用 **128**円　 子どもOK

材料（2人分）

トマト … 1個、しらす干し … 30g、青じそ … 3枚、醤油 … 小さじ1、いり金ごま … 少々

作り方

1 トマトは水洗いして水気を切り、半分に切ってへたを取り、くし形切りにする。青じそも軽く水洗いして水気を切り、まとめてくるくると巻いて、せん切りにする。

2 ボウルに材料をすべて入れ、トマトがくずれないようやさしく和える。

アボカドの
塩こんぶ和え

アボカドを切って塩こんぶやごま油と和えるだけ。やみつき系の味わいであっという間に食べ切れます。

🕐 調理 **5**分　¥ 費用 **120**円　 子どもOK

材料（2人分）

アボカド … 1個、Ⓐ[塩こんぶ … 1～2つまみ、ごま油 … 大さじ½、いり金ごま … 適量]

作り方

1 アボカドは縦にぐるりと切り目を入れ、両手でひねってふたつに分ける。種を取り出して皮をむき、食べやすい大きさに切る。

2 ボウルでアボカドをⒶで和える。

たまねぎのポン酢
おかか和え

たまねぎの甘みがおいしい、さっぱりとした副菜です。半端に残ったたまねぎを消費したいときにも。

⏰ 調理 **5分** ￥ 費用 **49円** 👧👦 子どもOK

材料（2人分）

たまねぎ … ½個、**A**［ポン酢醤油 … 大さじ1.5、削り節 … 小1袋、しょうがチューブ … 少々］、小口切りの小ねぎ … 好みで

作り方

1 たまねぎは皮をむき、薄切りにする。
2 たまねぎを耐熱ボウルに入れ、ふわりとラップをし、500Wの電子レンジで4分加熱する。
3 ざるにあげ、水気を切ってボウルに入れ、**A**、小ねぎを加えて和える。

アスパラの
ごま和え

ごまの風味が香る、アスパラガスのお手軽和え物です。シャキッと小気味よい食感がおいしい。

⏰ 調理 **5分** ￥ 費用 **170円** 🍱 お弁当にも 👧👦 子どもOK

材料（2人分）

グリーンアスパラガス … 1束、**A**［すり金ごま … 小さじ2、白だし … 小さじ1、砂糖 … 小さじ1］

作り方

1 アスパラガスは根元を折り、根元近くの固い皮をむき、2cm幅に切る。
2 耐熱皿にアスパラガスを並べ、ふわりとラップをし、500Wの電子レンジで1分30秒～2分加熱する。
3 アスパラガスの水気をキッチンペーパーでしっかりとふき取る。
4 アスパラガスと**A**をよく和える。

にんじんの明太子和え

明太子のピリリとした辛さと、にんじんの食感がクセになります。おつまみとしてもオススメ。たらこで作ってもおいしいです。

🕐 調理 **5分**　¥ 費用 **124円**

材料（2人分）

にんじん … 小1本
辛子明太子 … ½腹
塩 … 少々（好みで）

作り方

1 にんじんは皮をむき、せん切りにする。

2 1を耐熱ボウルに入れ、ふわりとラップをし、500Wの電子レンジで3分加熱する。ざるにあげ、手でしぼってしっかりと水気を切る。

3 明太子は薄皮を取る。

4 ボウルに2、3、好みで塩を入れ、しっかりと和える。

じゃがいもと
チーズの
ゆずこしょう和え

ゆずこしょうのピリリとした辛さがチーズとよく合って、止まらなくなるおいしさ。おつまみやお弁当にオススメです。

🕐 調理 **10**分 　 ¥ 費用 **75**円 　 🍱 お弁当にも

材料（2人分）

じゃがいも … 1個
プロセスチーズ
　 … 約25g
ゆずこしょう
　 … 小さじ 1/3
きざみのり … 好みで

作り方

1 じゃがいもは1〜1.5cmの角切りにし、2〜3分水にさらす。チーズはじゃがいもと同じぐらいの大きさに切る。

2 軽く水気を切ったじゃがいもを耐熱容器に入れ、ふわりとラップをし、500Wの電子レンジで2〜3分加熱する。

3 水気を軽く切り、熱いうちにチーズとゆずこしょうを加えて和える。

4 皿に盛り、好みできざみのりを散らす。

簡単
半熟カニ玉

材料を混ぜ合わせてフライパンで焼くだけ。調味料もシンプル。ごはんにのせ、とろみあんをかけたら天津飯にもなります。

🕐 調理 **5**分　¥ 費用 **166**円　👧👧 子どもOK

材料（2人分）

卵 … 4個
カニ風味かまぼこ
　… 約60g
グリーンピース
（冷凍または缶詰）
　… 約20g
Ⓐ 砂糖 … 小さじ1.5
　 中華スープの素
　　 … 小さじ½
　 醤油 … 少々
サラダ油 … 適量

作り方

1 ボウルに卵を割り入れ、Ⓐを加えてよく溶きほぐす。カニかまは適当に手でさく。

2 1のボウルにカニかま、グリーンピースを加え、ざっくりと混ぜ合わせる。

3 フライパンに多めの油をひき、中火にかける。フライパンがじゅうぶん温まったら、卵液をすべて流し入れ、ふちが固まってくるまで動かさずに少し待つ。

4 ふちが固まってきたら、外側から内側に手早くかき混ぜて全体が半熟状になるように焼く。

キャベツと鶏そぼろのレンジ蒸し

キャベツと鶏ひき肉をレンジ加熱したら、あとは調味料と和えるだけ。めんつゆとマヨネーズで、親しみのある味に仕上がります。

🕐 調理 **10**分	¥ 費用 **152**円	👧👦 子どもOK

材料（2人分）

キャベツ … ⅛ 玉
鶏ももひき肉 … 約100g
酒 … 大さじ1
Ⓐ めんつゆ
（3倍濃縮タイプ）
… 大さじ1.5
マヨネーズ
… 大さじ1
小口切りの小ねぎ
… 好みで

作り方

1 キャベツは水洗いして水気を切り、1cm幅に切る。

2 耐熱ボウルにキャベツを入れ、その上に鶏ひき肉をのせ、酒をふる。ふわりとラップをし、500Wの電子レンジで5分ほど加熱する。

3 鶏ひき肉を菜箸でほぐしてそぼろ状にし、キャベツと一緒にざるにあげて水気を切る。

4 別のボウルに3、Ⓐを入れ、よく和える。器に盛り、好みで小ねぎを散らす。

ごぼうの卵とじ

和風だしで煮たやさしい味わい。ごぼうを丸ごと1本使っていて、食べごたえもあります。ヘルシーなので夜食にも。

※表示の調理時間は、ごぼうのアク抜き時間を含まない目安の時間です。

⏲ 調理 **10** 分　¥ 費用 **138** 円　👧👧 子どもOK

材料（2人分）

ごぼう … 細1本
卵 … 3個
Ⓐ　水 … 50mL
　│ 白だし … 大さじ1
　│ 砂糖 … 小さじ2
　│ 醤油 … 少々
小口切りの小ねぎ
　… 好みで

作り方

1 ごぼうは皮をむき、ささがきにする。水にさらしてアク抜きをし、ざるにあげて水気を切る。

2 フライパンにごぼう、Ⓐを入れ、ふたをして火にかける。煮立ったら中火にし、5分ほど煮る。

3 卵はボウルで溶きほぐす。

4 2のフライパンに卵を流し入れ、菜箸で軽くかき混ぜる。卵が好みの固さになるまで煮る。皿に盛り、好みで小ねぎを散らす。

甘辛
大根ステーキ

定番の調味料で甘辛く味付けした大根は、適度に歯ごたえがあり、焼き色も食欲をそそります。レンジで温めてフライパンで焼くだけの簡単おかず。

🕐 調理 **10**分　　¥ 費用 **34**円　　 お弁当にも　　👧👧 子どもOK

材料（2人分）

大根 … ¼ 本
A 酒 … 大さじ ½
　　 みりん … 大さじ ½
　　 醤油 … 大さじ ½
小口切りの小ねぎ
　　 … 好みで
サラダ油 … 適量

作り方

1 大根は皮をむき、1〜1.5cm厚さの輪切りにし、片面に十字の切り込みを入れる。

2 耐熱皿に大根を並べ、ふわりとラップをし、500Wの電子レンジで3分加熱する。

3 フライパンに少量の油をひいて火にかける。水気を切った大根を並べ、弱火〜中火で2分ほど、片面に焼き色がつくまで焼く。裏返し、もう片面も同じように焼く。

4 **A**を加え、両面に煮からめる。皿に盛り、好みで小ねぎを散らす。

エリンギの
にんにく醤油
ステーキ

コリコリとした食感のエリンギに、にんにく醤油のパンチの
きいたソースがからんで、食べごたえがあります。ちょっと
したおつまみにも。

| ⏱ 調理
10分 | ¥ 費用
227円 |
お弁当にも | 👧👧
子どもOK |

材料（2人分）

エリンギ … 2 パック
にんにく … 1 かけ
🅐 醤油 … 大さじ 1
　みりん … 大さじ ½
　砂糖 … 小さじ 1
🅑 粗びき黒こしょう
　　… 好みで
　小口切りの小ねぎ
　　… 好みで
サラダ油 … 適量

作り方

1 にんにくは皮をむき、薄切りにす
る。🅐はボウルで混ぜ合わせる。
エリンギは長さを半分に切り、薄
切りにする。

2 フライパンに油、にんにくを入れ、
弱火〜弱めの中火でにんにくの香
りが立つまで炒める。

3 2にエリンギを入れ、中火で2分
ほど、焼き色がつくまで炒め合わ
せる。

4 🅐を加え、全体に味がいきわたる
よう炒め合わせる。皿に盛り、好
みで🅑を散らす。

ホタテ缶と豆腐のさっと煮

うま味たっぷり。手軽に作れるさっと煮です。とてもやさしい味なので、食欲がないときにもオススメです。しょうがを加えてもおいしいですよ。

🕐 調理 **10**分　¥ 費用 **354**円　👧👧 子どもOK

材料（2〜3人分）

絹ごし豆腐
　… 1丁（350g）
ホタテ貝柱水煮缶
　… 1缶
キャベツ … 1〜2枚
Ⓐ 醤油 … 小さじ ½
　 砂糖 … 小さじ ½
Ⓑ 片栗粉 … 小さじ 2
　 水 … 小さじ 2
小口切りの小ねぎ
　… 好みで

作り方

1 キャベツは水洗いし、食べやすい大きさにちぎってフライパンに入れる。豆腐はスプーンで一口大ずつすくって加え、ホタテ缶は汁ごと加える。Ⓐを加えてふたをし、中火で2〜3分煮る。

2 ボウルにⒷを混ぜ合わせて水溶き片栗粉を作る。

3 1のふたを取って弱めの中火にし、水溶き片栗粉をまわし入れる。全体をやさしくかき混ぜ、とろみがついたら器に盛り、好みで小ねぎを散らす。

焼き厚揚げの
おろしがけ

しっかりと焼いた厚揚げに、甘辛く煮詰めた大根おろしをかけました。焼き目がついて外はカリッと、中はもちっとしています。

調理 **10**分　費用 **¥91**円　子どもOK

材料（2人分）

厚揚げ豆腐
　… 1枚（180g）
大根 … 約100g
Ⓐ　みりん … 大さじ1
　│　醤油 … 大さじ1
小口切りの小ねぎ
　… 好みで
サラダ油 … 適量

作り方

1 厚揚げは余分な油や水分をキッチンペーパーでおさえてふき取り、半分に切る。

2 大根は皮をむき、すりおろす。

3 フライパンに少量の油を熱し、厚揚げを入れる。強めの中火で全体に焼き目がつくまで焼き、皿に盛る。

4 フライパンにⒶと大根おろしを汁ごと入れ、中火にかける。煮詰まったら厚揚げの上にかけ、好みで小ねぎをのせる。

ふんわり
はんぺん卵焼き

はんぺん入りでふんわり食感の、フライパンで作る卵焼き。
だしのきいたやさしい甘さで、冷めてもおいしいですよ。

調理 **10**分	費用 **117**円	お弁当にも	子どもOK

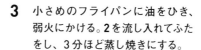

材料（2人分）

はんぺん … 大判1枚
卵 … 2個
Ⓐ 白だし … 小さじ1
 　 砂糖 … 小さじ1
サラダ油 … 適量

作り方

1 はんぺんは袋の上から手でもんで
つぶす。

2 ボウルに卵を割り入れ、はんぺん、
Ⓐを加え、しっかりと溶きほぐす。

3 小さめのフライパンに油をひき、
弱火にかける。**2**を流し入れてふた
をし、3分ほど蒸し焼きにする。

4 ふたを取り、裏返す。さらに2〜3
分焼き色がつくまで焼く。好みの
大きさに切り分け、皿に盛る。

長芋きのこの じゃこ和え オーブン焼き

長芋のサクッとした食感と、しめじとじゃこの香りがおいしい、ヘルシーな副菜。材料を和えて焼くだけの簡単おかずです。

🕐 調理 **15**分 　 ¥ 費用 **96**円 　 👧👧 子どもOK

材料（2人分）

長芋 … 約100g
しめじ … ¼ パック
ちりめんじゃこ
　… 約10g
Ⓐ 醤油 … 大さじ ½
　│ サラダ油
　│ … 大さじ ½
小口切りの小ねぎ
　… 好みで

作り方

1 オーブンは200度に予熱する。

2 長芋は皮をむき、長さ4cm、幅0.5〜1cmの拍子木切りにする。しめじは石づきを切り落とし、手でほぐす。

3 ボウルに長芋、しめじ、じゃこ、Ⓐを入れ、まんべんなく和え、耐熱皿に入れる。

4 200度のオーブンで10分ほど焼く。好みで小ねぎを散らす。

ピーマンの
ベーコンチーズ
のっけ焼き

ピーマンのくぼみにベーコンを入れ、チーズをのせてオーブンで焼くだけ。調味料も使わない、とっても簡単なレシピです。

🕐 調理 **15**分　¥ 費用 **224**円　👩‍👦 子どもOK

材料（2人分）

ピーマン … 3 個
厚切りベーコン
　… 約100g
ミックスチーズ … 適量

作り方

1 オーブンは200度に予熱する。

2 ピーマンはへたと種を取り、縦半分に切る。ベーコンは1cmの角切りにする。

3 天板にクッキングシートをしき、ピーマンを切り口を上にして並べる。くぼみにベーコンを5〜6切れずつ入れ、チーズを好みの量のせる。

4 200度のオーブンで10分ほど焼く。

せん切り大根の
めんつゆ
おかかサラダ

めんつゆやおかかのうま味が大根にからんでいます。ごまやのりを加えると、風味が増してさらにおいしくなりますよ。

調理 **5**分　費用 **55**円　子どもOK

材料（2人分）

大根 … ¼ 本
Ⓐ めんつゆ
　　（3倍濃縮タイプ）
　　… 大さじ2
　削り節
　　… 小1袋
　きざみのり … 好みで
　いり金ごま … 好みで
小口切りの小ねぎ、
　きざみのり、いり金ごま
　… 好みで

作り方

1 大根は皮をむき、包丁またはスライサーでせん切りにし、手でしぼってしっかりと水気を切る。

2 ボウルにⒶを入れ、混ぜ合わせる。大根を加え、よく和える。皿に盛り、好みで小ねぎ、きざみのり、いり金ごまを散らす。

チョレギサラダ

好みのレタスやグリーンカールをテキトーにちぎり、調味料と和えて完成。ペロリと食べられるやみつきサラダです。のりや唐辛子パウダーを加えても楽しめます。

🕐 調理 **5**分　¥ 費用 **76**円

材料（2人分）

レタス、
　　グリーンカールなど
　　… ½ 玉
🅐 ごま油 … 大さじ1
　　うま味調味料
　　　　… 小さじ ½
　　塩 … 小さじ ⅓
　　にんにくチューブ
　　　　… 3cm
　　いり金ごま … 少々

作り方

1 レタスは水洗いしてしっかりと水気を切り、手で食べやすい大きさにちぎる。

2 ボウルに🅐を入れ、よく混ぜ合わせる。レタスを入れ、よく和える。

きゅうりと
ミニトマトの
タイ風サラダ

ピーナッツやナンプラーなどで味付けしたタイ風サラダ。さっぱりしてるけど独特のクセがあって、ハマるおいしさです。お好みでさらにパクチーを加えてもよいと思います。

🕐 調理 **5**分　　¥ 費用 **130**円

材料（2人分）

きゅうり … 1本
ミニトマト … 3〜4個
ピーナッツ（うす塩）
　… 10粒
塩（板ずり用）
　… 小さじ½
Ⓐ ナンプラー
　　… 大さじ1
　レモン汁 … 小さじ1
　にんにくチューブ
　　… 2cm
　輪切り唐辛子 … 少々

作り方

1 きゅうりは塩をふって板ずりをし、キッチンペーパーで塩と水気をふき取る。両端を切り落とし、適当な長さに切る。ミニトマトはへたを取り、縦4等分に切る。

2 ポリ袋にきゅうり、ピーナッツ、Ⓐを入れる。空気を抜いて口の部分を手でおさえ、袋の上からめん棒などでたたく。

3 2にミニトマトを加え、全体を軽くもみ込む。

おからと枝豆と
にんじんの
ヘルシーサラダ

ヘルシーでコスパもよい簡単サラダです。シンプルな味付けで、朝昼晩お弁当、どんなシーンにも使える便利な副菜。火を使わず、レンジで手軽に作れます。

🕐 調理 **5**分　¥ 費用 **35**円　 お弁当にも　👧👦 子どもOK

材料（2人分）

生おから … 約50g
にんじん … ⅕本
ゆで枝豆 … 5さや
Ⓐ　マヨネーズ
　　　… 大さじ1.5
　　塩 … 少々

作り方

1 にんじんは皮をむき、せん切りにする。枝豆はさやから出す。

2 おからは耐熱皿に入れ、菜箸でほぐす。にんじんを上にのせ、ラップをせずに、500Wの電子レンジで3分ほど加熱する。

3 2にⒶを加え、よく和える。枝豆を加え、軽く和えて器に盛る。

白菜の
ごまサラダ

ごまの風味がおいしい、白菜をもぐもぐ食べられるお手軽サラダです。水気をしっかりと切るのがポイント。白菜が半端に余っているときにもオススメです。

🕐 調理 **5分**　¥ 費用 **60円**　👧👧 子どもOK

材料（2人分）

白菜 … ⅛ 株
塩 … 小さじ ½
Ⓐ　いり金ごま
　　　… 小さじ 2
　　和風だしの素
　　　… 小さじ ½
　　ごま油
　　　… 少々（好みで）

メモ

和風だしの素は、製品によって塩分量が異なるので、お使いのものに合わせて調整してください。

作り方

1 白菜は芯を切り落とし、水洗いして軽く水気を切り、せん切りにする。

2 ボウルに白菜、塩を入れ、よくもみ込む。ざるにあげ、手でしぼってしっかりと水気を切る。

3 ボウルの水気をキッチンペーパーでふき取り、白菜、Ⓐを入れ、よく和える。

かぼちゃとツナの
チーズ風味
サラダ

かぼちゃをマッシュしてツナや調味料と和えるだけ。チーズを入れることでコクや風味が増します。朝ごはんやお弁当など、シーンを問わずいつ食べてもおいしいサラダです。

🕐 調理 **10**分　¥ 費用 **106**円　⊡ お弁当にも　👧👧 子どもOK

材料（2人分）

かぼちゃ … ⅛ 個
Ⓐ ツナ缶（油漬けタイプ）
　 … ½ 缶
　 マヨネーズ
　 … 大さじ1
　 粉チーズ … 大さじ1

作り方

1 かぼちゃはスプーンなどで種とわたを取り除き、皮をところどころそぐようにむき、2cm角に切る。

2 かぼちゃを水でぬらし、耐熱ボウルに入れる。ふわりとラップをし、500Wの電子レンジで4分ほど加熱する。

3 かぼちゃをフォークなどでほどよくつぶし、Ⓐを加え、よく和える。

ひじきと豆腐の 梅おかかサラダ

さっぱりとした和風の味付けです。ひじきの食感と風味がよいアクセントになっていて、木綿豆腐なので食べごたえもしっかりあります。

🕐 調理 **15分**　¥ 費用 **297円**　👧👧 子どもOK

材料（2人分）

乾燥芽ひじき … 約2g
木綿豆腐
　　… 小1丁（200g）
トマト … 1個
レタス … 2〜3枚
梅干し … 2粒
Ⓐ　ポン酢醤油
　　　… 大さじ3
　　削り節
　　　… 小1袋

作り方

1 ひじきは熱湯に10分ほどつけて戻し、ざるにあげて水気を切る。豆腐は水切りし、食べやすい大きさに切る。

2 トマトはへたを取り、くし形切りにする。レタスは水洗いし、しっかりと水気を切り、手で食べやすい大きさにちぎる。

3 梅干しは種を取り、包丁やスプーンでたたいてペースト状にする。ボウルに入れ、Ⓐを加えて混ぜ合わせる。

4 器にレタス、トマト、豆腐、ひじきを盛り付け、上から3をかける。

シャキッと
ポテトと卵の
サラダ

じゃがいものシャキッとした食感が特徴的なポテトサラダ。電子レンジで加熱して和えるだけ。そのままはもちろん、パンでサンドしてもよいですよ。

調理 **15分**　費用 **81円**　お弁当にも　子どもOK

材料（2人分）

じゃがいも … 1個
たまねぎ … ¼個
卵 … 1個
A マヨネーズ
　　　… 大さじ2
　粒マスタード
　　　… 小さじ½
B 塩 … 少々
　粗びき黒こしょう
　　　… 少々
食べやすく切った水菜
　　　… 好みで
きざみパセリ … 好みで

作り方

1 じゃがいもは皮をむいて芽を取り、細切りにし、2〜3分水にさらす。たまねぎは皮をむき、薄切りにする。

2 水気を切ったじゃがいも、たまねぎを耐熱容器に入れ、ふわりとラップをし、500Wの電子レンジで5分加熱し、水気を切る。

3 卵は耐熱ボウルに割り入れ、かぶるくらいの水を入れる。爪楊枝などで黄身に1カ所穴をあけ、ふわりとラップをし、500Wの電子レンジで2〜3分、様子を見ながら加熱する。

4 黄身まで火が通ったら、電子レンジから出して水切りする。フォークなどでつぶし、**A**を加えてよく混ぜ合わせ、じゃがいも、たまねぎを合わせてよく和え、**B**をふって味をととのえる。

5 好みで水菜を皿にしき、**4**を盛り付け、好みできざみパセリを散らす。

もやしの簡単ごまスープ

即席感覚で作れる簡単もやしスープです。ごまが香る、やさしくてほっとする味。半端に余ったもやしの消費レシピとしてもオススメです。

🕐 調理 **5**分　　¥ 費用 **31**円　　子どもOK

材料（2人分）

もやし … ½ 袋
水 … 300mL
🅐 白だし … 大さじ2
　　いり金ごま … 少々
　　ごま油 … 少々
　　小口切りの小ねぎ
　　　… 少々

作り方

1 鍋や電子ケトルなどで湯を沸かす。

2 もやしはさっと水洗いして水気を切る。耐熱皿に入れ、ふわりとラップをし、500Wの電子レンジで2分加熱する。

3 スープカップにもやし、🅐を半量ずつ入れる。

4 湯をそそぎ、かき混ぜる。

キャベツと ささみの かき玉みそ汁

ヘルシーで食べごたえがある、満足度の高いみそ汁。半端に余ったキャベツを消費したいときにもオススメです。卵の入ったやさしい味。

調理 **10**分 費用 **148**円 子どもOK

材料（2人分）

キャベツ … 2〜3枚
鶏ささみ
　　… 2本（約120g）
卵 … 1個
Ⓐ 水 … 400mL
　 和風だしの素
　　　… 約4g
みそ … 大さじ2

作り方

1 キャベツは水洗いして水気を切り、ざく切りにする。

2 ささみは筋を取り、フォークなどで数カ所穴をあけ、1cm厚さのそぎ切りにする。卵はボウルで溶きほぐす。

3 鍋にⒶを入れ、中火にかける。煮立ったらキャベツを入れ、ふたをして弱火〜中火にかけ、やわらかくなるまで煮る。

4 3にささみを入れ、表面に完全に火が通ったら、溶き卵をまわし入れる。

5 卵がほどよく固まったら火を止め、みそを溶き入れ、再び中火にかける。沸騰直前に火を止める。

4
PART

すぐめしの
1品完結ごはん

これさえ作ればおなかも心も満たされる

ごはん物、麺物のレシピ。

どれも手早くできあがり、

子どももおいしく食べられます。

調理器具が少なく、洗い物も最小限。

疲れた日や、時間がない日の

ごはん作りを助けます。

鶏そぼろ丼
（三色丼）

調理 **10**分　費用 **441**円　お弁当にも　子どもOK

大人にも子どもにも大人気な丼もの。彩りもよく、身近な食材と調味料で作れるので、
時間がないときのお弁当にもオススメ。フライパンひとつでラクチンです。

材料（2人分）

ごはん … 茶碗 2 杯分
鶏ももひき肉 … 約280g
卵 … 3 個
砂糖 … 小さじ 2
🅐 醤油 … 大さじ 2
　　みりん … 大さじ 1
　　砂糖 … 大さじ 1
ゆで絹さや … 適量
サラダ油 … 適量

作り方

1 ボウルに卵を割り入れ、砂糖を加えてよく溶きほぐす。

2 フライパンに **1** を入れ、弱火〜弱めの中火にかける。菜箸をくるくるとまわしながらかき混ぜて、そぼろ状になったら取り出す。

3 フライパンに油を熱し、鶏ひき肉、🅐を入れ、中火で炒める。汁気が飛び、そぼろ状になったら取り出す。

4 温かいごはんに **2**、**3**、絹さやをのせる。

具だくさん カニチャーハン

調理 **10**分　費用 **445**円　お弁当にも　子どもOK

カニ缶を使ってちょっと豪華に。フライパンひとつでできるため、
洗い物を少なくすませたいときにもぴったり。うま味がたっぷりなので味付けはシンプルです。

材料（2人分）

ごはん … 茶碗2杯分
カニ缶 … 1缶
卵 … 3個
にんじん … 小1本
たまねぎ … ¼個
にんにく … ½かけ
中華スープの素 … 小さじ1
Ａ　塩 … 少々
　│　粗びき黒こしょう … 少々
小口切りの小ねぎ … 好みで
サラダ油 … 適量

作り方

1 にんにく、にんじん、たまねぎは皮をむき、みじん切りにする。卵はボウルで溶きほぐす。

2 フライパンに油を熱し、弱めの中火でにんにくを香りが立つまで炒め、にんじん、たまねぎを入れ、中火で火が通るまで炒める。

3 カニの身は飾り用に少し取り分けて、残りを缶汁ごと加える。中華スープの素を加え、水分が飛ぶまで炒め合わせる。

4 具をフライパンの端によせて強火にし、あいたスペースに卵、ごはんを入れてしっかりと炒め合わせる。

5 具、ごはんを炒め合わせ、好みで小ねぎを加え、Ａをふって味をととのえる。皿に盛り、3で取り分けたカニの身をのせる。

ランチョンミートと
アボカドの照り焼きごはん

⏱ 調理 **10**分　　¥ 費用 **534**円　　👧👧 子どもOK

ランチョンミートをメインにしたお手軽ワンボウルです。
ランチョンミートは製品によって塩分量が異なります。好みで味を調整してくださいね。

材料（2人分）

ごはん … 茶碗 2 杯分
ランチョンミート … ½ 缶
トマト … 1 個
アボカド … 1 個
A みりん … 大さじ 2
　　砂糖 … 大さじ 1
　　醤油 … 大さじ 1
きざみのり … 好みで
サラダ油 … 適量

作り方

1 ランチョンミートとトマトは 1〜2 cm の角切りにする。アボカドは縦にぐるりと切り目を入れ、両手でひねってふたつに分ける。種を取り出して皮をむき、同様に角切りにする。

2 フライパンに油を熱してランチョンミートを入れ、表面の色が変わるくらいまで焼く。

3 ランチョンミートを取り出し、キッチンペーパーでフライパンの油をふき取る。**A**を入れ、中火でふつふつとなるまで煮詰める。

4 あたたかいごはんを器に盛り、ランチョンミート、トマト、アボカドをのせ、**3**のソースをかける。好みできざみのりを散らす。

カレー炒め
ごはん

調理 **15**分　費用 **389**円　お弁当にも　子どもOK

スパイシーな風味が食欲をそそります。カレールーとコンソメだけの簡単味付けです。
余り野菜の消費にもオススメ。

材料（2人分）

ごはん … 茶碗 2 杯分
卵 … 2 個
ハーフベーコン … 6 枚
にんじん … ½ 本
たまねぎ … ½ 個
ピーマン … 2 個
Ⓐ　カレールー
　　　（フレークタイプ）
　　　… 大さじ 2.5
　　顆粒コンソメ … 小さじ 1
サラダ油 … 適量

作り方

1 フライパンに油を熱し、卵をそっと割り入れる。ごく弱火で8〜10分好みの固さになるまで焼き、目玉焼きを作る。

2 ベーコンは1cm幅に切る。にんじん、たまねぎ、ピーマンはそれぞれみじん切りにする。

3 フライパンに少量の油を熱し、ベーコン、にんじん、たまねぎを入れ、中火で炒める。

4 3にピーマンを加えてさっと炒め合わせ、温かいごはん、Ⓐを加え、全体に味がいきわたるよう炒め合わせる。

5 皿に4を盛り、上に目玉焼きをのせる。

ポイント

フレークタイプのルーがない場合は、固形ルーをきざんで使ってください。

133

れんこんと大根の
みぞれ雑炊

🕐 調理 **15**分　¥ 費用 **378**円　👧👧 子どもOK

ほっと落ち着いて、体も温まるこの雑炊、わが家では、風邪をひいたり、のどが痛かったり、
胃腸の調子が悪かったりするときの療養食としても活躍しています。

材料（2〜3人分）

ごはん … 茶碗 2 杯分
れんこん … 1 節
大根 … ⅛ 本
長ねぎ … 1 本
しょうが … 2 かけ
卵 … 2 個
水 … 600mL
🅰 和風だしの素 … 小さじ 1
　│　塩 … 小さじ ½
塩 … 好みで
小口切りの小ねぎ … 好みで

作り方

1 れんこん、大根、しょうがは皮をむき、すりおろす。長ねぎは根元を切り落とし、薄い小口切りにする。卵はボウルで溶きほぐす。

2 鍋に水を入れ、火にかける。煮立ったらごはん、れんこん、しょうが、長ねぎ、🅰を入れ、弱火〜中火で5分ほど煮る。

3 ほどよく煮えてごはんが水分を吸ったら、大根を加え、全体をかき混ぜる。

4 溶き卵をまわし入れ、ふたをして数秒間蒸らす。好みで塩を加えて味をととのえ、好みで小ねぎを散らす。

ツナトマトの
リゾット風

調理 15分　費用 340円　子どもOK

手抜きしたいランチに。レシピにはたまねぎ大 ½ 個と書いていますが、
一緒に加える野菜は、冷蔵庫の余り物でOKです。

材料（2人分）

ごはん … 茶碗 2 杯分
たまねぎ … 大 ½ 個
にんにく … 2 かけ
ツナ缶（油漬けタイプ）… 1 缶
Ⓐ　トマト缶（カットタイプ）
　　… 1 缶
　　白ワイン … ½ カップ
　　塩 … 約小さじ ½
ミックスチーズ … 適量
粉チーズ … 好みで
きざみパセリ … 好みで
サラダ油 … 適量

作り方

1 たまねぎはみじん切りにする。にんにくはみじん切りか、つぶすか、すりおろす。

2 フライパンに油を熱し、たまねぎ、にんにくを入れ、たまねぎが透き通るくらいまで炒める。

3 Ⓐ、ツナを缶汁ごと加える。中火で煮立たせ 3 〜4分煮る。

4 ごはんを入れ、なじむように混ぜる。

5 ほどよく水分がなくなったら火を止める。ミックスチーズを入れ、溶かし混ぜる。器に盛って、好みで粉チーズ、パセリをふる。

ツナとたまねぎの パスタ

🕐 調理 **15**分　¥ 費用 **229**円　👧👧 子どもOK

たまねぎの甘みが楽しめる、パパッと作れてランチにもぴったりのパスタです。
麺はスパゲッティーのほか、フィットチーネなどを使ってもおいしいです。

材料（2人分）

パスタ … 160g
Ⓐ　水 … 2.5L
　｜　塩 … 25g
たまねぎ … 1個
オリーブオイル … 大さじ2
ツナ缶（油漬けタイプ）… 1缶
Ⓑ　ポン酢醤油 … 大さじ3
　｜　にんにくチューブ … 4cm
小口切りの小ねぎ … 好みで

作り方

1 大きな鍋にⒶを入れて湯を沸かし、中火〜強火でパスタを袋の表示より1分ほど短くゆでる。

2 たまねぎは皮をむき、みじん切りにする。

3 フライパンにオリーブオイルを熱し、たまねぎを入れ、弱めの中火で透き通るくらいまで炒める。

4 ツナを缶汁ごと入れる。Ⓑを加えて炒め合わせ、火を止める。

5 パスタがゆであがったら、再びフライパンを弱火〜中火にかける。パスタを加えてよく和える。火を止めて皿に盛り、好みで小ねぎを散らす。

彩り野菜の
和風ポン酢パスタ

調理 15分　費用 196円　子どもOK

パプリカと枝豆で見ためにもおいしい、和風のパスタです。ポン酢の酸味が食欲をそそります。
調味料は、覚えやすく作りやすい「1：1：1」の配合です。

材料（2人分）

パスタ … 160g
Ⓐ 水 … 2.5L
　｜ 塩 … 25g
ハーフベーコン … 4枚
たまねぎ … ¼個
パプリカ（赤）… ¼個
パプリカ（黄）… ¼個
ゆで枝豆 … 10さや
Ⓑ 白だし … 大さじ1
　｜ 醬油 … 大さじ1
　｜ ポン酢醬油 … 大さじ1
粗びき黒こしょう … 好みで
サラダ油 … 大さじ2

作り方

1 大きな鍋にⒶを入れて湯を沸かし、中火～強火でパスタを袋の表示より1分ほど短くゆでる。

2 ベーコンは1cm幅に切る。たまねぎは皮をむき薄切りに、パプリカはへたと種を取って細切りにする。枝豆はさやから出す。

3 フライパンに油を熱し、ベーコン、たまねぎ、パプリカを入れ、中火で炒め合わせる。

4 Ⓑを加え、ひと煮立ちしたら火を止める。

5 パスタがゆで上がったら、再びフライパンを弱火～中火にかけ、パスタとゆで汁（約お玉1杯分）、枝豆を加え、よく和える。皿に盛り、好みで粗びき黒こしょうをふる。

野菜たっぷり焼きうどん

調理 15分　費用 540円　お弁当にも　子どもOK

醤油とソースのダブルのおいしさ。半端に余っている野菜の消費にもオススメです。
お弁当にどーんと豪快に入れても。

材料（2人分）

冷凍うどん … 2玉
豚バラ薄切り肉 … 約200g
キャベツ … ¼ 玉
たまねぎ … ¼ 個
にんじん … ⅓ 本
Ⓐ 醤油 … 大さじ1
　　中濃ソース … 大さじ ½
　　削り節 … 小1袋
サラダ油 … 適量

作り方

1 冷凍うどんは電子レンジで袋の表示よりも30秒ほど短く加熱する。豚肉はフォークなどで数カ所穴をあけ、食べやすい大きさに切る。

2 キャベツは水洗いして水気を切り、ざく切りにする。たまねぎとにんじんは皮をむき、薄切りにする。

3 フライパンに油を熱し、中火で豚肉の表面の色が変わるくらいまで炒める。

4 にんじん、たまねぎ、キャベツを順に加え、全体に火が通るまで炒め合わせる。

5 うどん、Ⓐを加え、味がまんべんなくいきわたるよう炒め合わせる。

お好み焼き（豚玉）

調理 **20分** 費用 **510円** お弁当にも 子どもOK

長芋入りでふんわり。小麦粉は少なめで、肉と野菜をバランスよくたっぷり使ったお好み焼きです。
簡単に料理をすませたいときのわが家の定番です。

材料（2人分）

豚薄切り肉 … 約200g
キャベツ … ¼玉
長芋 … 約100g
卵 … 2個
Ⓐ 白だし … 大さじ1
　 醤油 … 小さじ1
　 水 … 50mL
　 小麦粉 … 約50g
　 干し桜えび … 好みで
　 紅しょうが … 好みで
　 小口切りの小ねぎ … 好みで
お好み焼きソース … 適量
マヨネーズ … 好みで
青のり、紅しょうが … 好みで
サラダ油 … 適量

作り方

1 キャベツは水洗いして水気を切り、せん切りか細切りにし、長いものがあれば短く切る。長芋は皮をむき、すりおろす。

2 ボウルにキャベツ、長芋、卵、Ⓐを入れて混ぜる。

3 フライパンに少量の油を熱し、豚肉の半分を広げて並べる。その上に2の生地をのせ、さらに上に残りの豚肉を広げてのせる。ふたをし、弱めの中火で8分ほど蒸し焼きにする。

4 ふたを取り、フライ返しなどで裏返し、中火でさらに3分ほど焼く。皿に盛り、お好み焼きソースをかけ、好みでマヨネーズをかけて青のりを散らし、紅しょうがを添える。

すぐめし献立 材料別さくいん

nozomi （のぞみ）

森望。大阪府出身。SEとしてフルタイムで勤務する中で、週末に1週間分のおかずをまとめて作り置きするライフスタイルを開始。そのレシピを記録したサイト『つくおき』が大きな話題となる。サイトをもとにまとめられた『つくおき』シリーズは累計100万部を超える大ベストセラー。現在はサイトの運営をはじめ、企業のレシピ開発や商品開発への協力など、簡単でおいしい料理をテーマに幅広いジャンルで活躍している。夫と子どもの3人暮らし。

staff

調理・スタイリング	nozomi
撮影	nozomi
本文デザイン	Iyo Yamaura
アドバイザー	ひろき
協力	海老原牧子
編集	北川編子

すぐめし献立
こんだて

2020 年 4 月 30 日　初版第 1 刷発行

著者	nozomi
発行者	田邉浩司
発行所	株式会社 光文社
	〒112-8011　東京都文京区音羽 1-16-6
	電話　編集部 03-5395-8172
	書籍販売部 03-5395-8116
	業務部 03-5395-8125
	メール non@kobunsha.com
	落丁本・乱丁本は業務部へご連絡くださればお取り替えいたします。
組版	堀内印刷
印刷所	堀内印刷
製本所	ナショナル製本